Atlas der Vorurteile 2

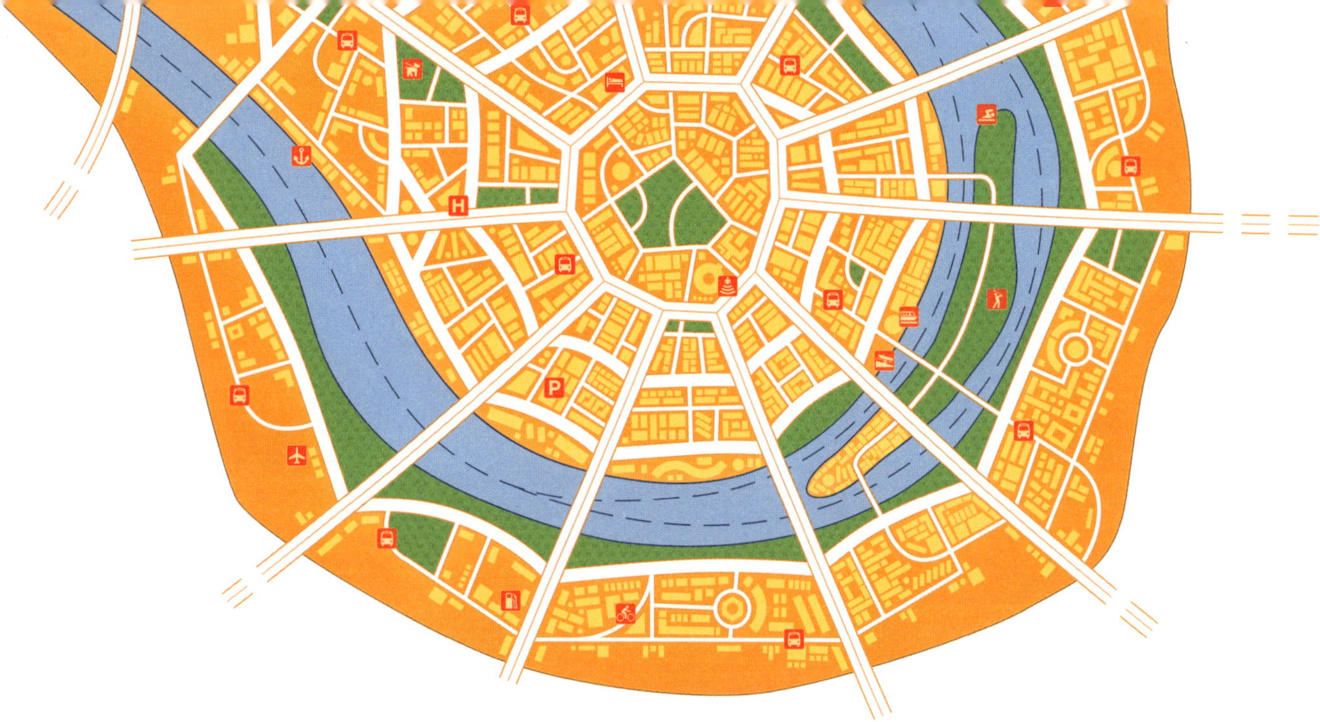

YANKO TSVETKOV

Atlas 2
DER VORURTEILE

KNESEBECK

Das »Mapping Stereotypes«-Projekt entstand aus einer satirischen Europa-Karte heraus, die der bildende Künstler Yanko Tsvetkov 2009 entworfen hatte. Nachdem sie sich im Internet verbreitet hatte, begann Tsvetkov seine zunächst spontane Idee zu erweitern, wobei er den Schwerpunkt auf nationale und historische Vorurteile und Klischees legte.

Das Projekt fand ein großes weltweites Medienecho, etwa in den britischen Tageszeitungen *The Daily Telegraph* und *The Guardian* sowie auf den Radiosendern der »BBC«, in Italien auf dem Fernsehsender »Rai Uno«, in der Tageszeitung *Corriere della Sera* und im Wochenmagazin *Focus*, ferner in der russischen Tageszeitung *Izvestiya*, in der *Times of India* und in der *Süddeutschen Zeitung*, in Norwegens führender Zeitung *Aftenposten* sowie im polnischen Wochenblatt *Newsweek Polska*, in den USA auf den Nachrichten-Webseiten *The Daily Beast* und *Wired*, in der brasilianischen und in der südafrikanischen Ausgabe des *GQ*, im Magazin *Semana* in Kolumbien und im Magazin *Sábado* in Portugal.

Der *Stern* ehrte das Projekt als die »Satire des Jahres 2011«. Nach Veröffentlichung der deutschen Ausgabe würdigte *ZEIT online* im Februar 2013 den *Atlas der Vorurteile* als einen »so ironischen wie wirkungsvollen Beitrag zum kulturellen Verständnis«. Und *Spiegel online* kommentierte mit schmeichelhaftem Vergleich: »Nicht erst seit den *Asterix*-Comics ist das Spiel mit nationalen Vorurteilen in der Kultur ein gern benutzter Unterhaltungskniff.«

www.alphadesigner.com
www.atlasofprejudice.com

INHALTSNETZ

»Und ich verurteile die Einwohner, dazubleiben.«

Diogenes

(Nachdem die Einwohner von Sinope
ihn dazu verurteilt hatten, ins Exil zu gehen.)

VORWORT V2

Letztes Jahr erhielt ich ein Publikationsangebot aus Russland, und zwar nur wenige Wochen vor der Veröffentlichung des ersten *Atlas der Vorurteile*-Bandes in Deutschland.

Seit ich mit dem »Mapping Stereotypes«-Projekt angefangen habe, aus dem diese Bücher hervorgehen, sind mir viele seltsame Dinge passiert. Aber das gehörte zu den seltsamsten. Diese Leute machen Witze, dachte ich. Schlimmer noch: Ich nahm an, dass es sich um einen jener Verlage ohne jede redaktionelle Integrität handelte. Vielleicht eine Geldwaschanlage der berüchtigten russischen Mafia oder ein exzentrischer Oligarch, der nicht wusste, was er mit seinem Geld anstellen sollte.

Es gab einige Passagen in dem Buch, die für eine milde Kritik an Putin gehalten werden können, und außerdem die Schwulen-Landkarte Europas. Aus westlichen Medien hören wir, dass beides hinter dem Roten Vorhang tabu ist, der Russland von unserer hübsch zivilisierten, super-demokratischen Welt trennt.

Heute, fast ein Jahr nach dieser Anfrage, wurde die russische Ausgabe des *Atlas der Vorurteile* auf OTV, dem staatlichen, kreml-freundlichen, öffentlichen TV-Sender vorgestellt.

Das beweist zweierlei: a) dass ich ein voreingenommener Idiot bin und b) dass die westliche Propaganda die Zensur in den Ländern des ehemaligen Sowjetreichs übertreibt, denn zumindest ich habe nie eine einzige Aufforderung erhalten, das Buch abzuändern oder, um den politisch korrekten Ausdruck zu verwenden, »an die örtlichen Gegebenheiten anzupassen«.

Einen Monat, nachdem ich den Vertrag mit dem russischen Verlag geschlossen hatte, begannen die Verhandlungen mit einer amerikanischen Firma, dem Tochterunternehmen eines der größten Verlage der Welt.

Nach der ersten Redaktionskonferenz bot das Unternehmen 25000 US-Dollar als Vorschuss und stellte eine interessante Nachfrage: »Wir glauben, dass das Cover der deutschen (und russischen) Ausgabe die potenziellen Kunden auf dem US-Markt nicht ansprechen wird. Wir ringen auch mit dem Titel … Für unseren Markt klingt *Atlas der Vorurteile* ziemlich hart und vermittelt nicht den satirischen Aspekt Ihrer Arbeit.«

Ich kratzte mich etwa eine Minute lang am Kopf. Dann sagte ich ihnen, sie könnten sich verpissen.

Nachdem er meine Antwort gelesen hatte, schickte mir mein Agent – emotional ein Fels in der Brandung, jedenfalls soweit ein Deutscher das sein kann – eine Nachricht, die die Worte »Oh mein Gott« enthielt. Für den Bruchteil einer Sekunde verspürte ich den Wunsch, in eine Polizeiuniform zu schlüpfen und mich wegen eines Verbrechens gegen die Menschlichkeit selbst zu verhaften. Aber nachdem ich wieder zu mir gekommen war, fühlte ich mich eigentlich erleichtert.

Das beweist zweierlei: a) Ich bin ein Idiot und b) ich werde nie ein reicher Autor werden. Ich habe mich inzwischen mit der Sache abgefunden. Der einzige Weg, um Millionär zu werden, könnte letztlich darin bestehen, irgendwie Google auszutricksen und alle E-Mails mit nigerianischen IPs nicht direkt in meinen Spam-Ordner zu stopfen. Es heißt, da sei eine Menge Geld zu holen.

Auf einer weniger persönlichen Ebene beweist es auch, dass die zeitgenössische amerikanische Kultur von der Gnade der Gatekeepers abhängig ist, die alles entschärfen und anpassen wollen, was anspruchsvoll sein könnte, um es mundgerecht vorzukauen für ein blödes Publikum, das einfach zu verführen und zu manipulieren ist.

Diese »Torwächter« wollen im Grunde jeden einzelnen Autor glauben machen, dass sich das amerikanische Volk vor tiefsinnigen Gedanken fürchtet, dass es als eine Masse Pawlow'scher Roboter anzusehen ist, die nur auf Druck von außen reagieren und so abzurichten sind, dass sie auf berechenbare Art und Weise Geld ausgeben. Alles soll dieser traurigen Sorte Mensch nützen, die wir »Marketing-Spezialisten« nennen.

Ich hätte ihr Angebot angenommen, wenn ich wirklich geglaubt hätte, dass die amerikanischen Leser derart flach sind, wie sie es mir beschrieben haben. Es ist zwar eine Sünde, Idioten auszubeuten, aber keine Todsünde. Ich kenne die Bibel, und da steht nirgends: »Du sollst keinen Scheiß an blöde Heinis verkaufen.« Außerdem, Herrgott nochmal, 25 000, das ist eine Menge Holz! Ich habe in meinem ganzen verdammten Leben noch nicht so viel Geld auf einmal gesehen.

Mir wäre es lieber, wenn ich das nicht zugeben müsste, aber was soll's, wenn ich schon auf Indie machen muss, dann wenigstens komplett – keine halben Sachen!

Was mir aber wirklich zu denken gegeben hat, ist, dass keiner der Amerikaner, die ich persönlich kenne, so ein kompletter Idiot ist wie der, den man mir unterjubeln wollte. Keiner lief in Panik davon, wenn ich ihm das Cover des deutschen *Atlas der Vorurteile* zeigte.

Niemand rief: »O Gott, das ist der nächste Dostojewski, renn um dein Leben!« Und glauben Sie mir, wenn sie es getan hätten, hätte ich das gleich überall rumerzählt. Diese Menschen haben ein Kindermädchen so nötig, wie ich den Anblick einer nackten, einen Hammer ablutschenden Miley Cyrus gebrauchen kann.

Also noch mal, in die Richtung dieser Marketing-Fuzzis: Verpisst euch!

Yanko Tsvetkov
November 2013, València

ES WAR EINMAL

Meine Großmutter wurde 1932 geboren, 14 Jahre nach dem Ende des Ersten Weltkriegs.

In jenem Jahr veröffentlichte Aldous Huxley seinen Roman *Schöne neue Welt,* der französische Präsident Paul Doumer wurde ermordet, und ein mittelmäßiger österreichischer Maler namens Adolf Hitler erhielt die deutsche Staatsbürgerschaft.

Im Fernen Osten verschlang das kaiserliche Japan weite Teile Chinas, besetzte Shanghai und erklärte die Mandschurei zum »unabhängigen« Staat. Bolivien und Paraguay begannen einen der blutigsten Kriege in der südamerikanischen Geschichte, um die Kontrolle über eine verlassene Grenzregion zu erringen, die angeblich Ölschätze besaß.

In der Zwischenzeit begann Stalin mit der Kollektivierung der Landwirtschaft in der Sowjetunion, was schnell zu einem Massensterben unter den Bauern führte, bekannt als die »Große Hungersnot«. Deutschland druckte mehr Geld als Zeitungen.

Die Arbeitslosigkeit kletterte auf 30 Prozent, so hoch wie in den Vereinigten Staaten, wo der Dow Jones während dieser Zeit, die wir heute als »Große Depression« bezeichnen, auf einen Tiefstand fiel. Um der schrecklichen Wirtschaftslage einen gewissen exzentrischen Dreh zu geben, kam der erste Mars-Schokoriegel auf den krisengeschüttelten Markt.

Das Allerwichtigste aber: 1932 war auch das Jahr, in dem eine resolute Flugpionierin namens Amelia Earhart sich in dem neufundländischen Ort Harbour Grace eine Ausgabe der Lokalzeitung schnappte, ihre Lockheed Vega 5B bestieg, den Motor anwarf und innerhalb von 15 Stunden über den Atlantik flog.

Sie landete auf einer leicht abschüssigen Weide nahe Londonderry in Nordirland. Ihre Ankunft wurde von einem einheimischen Burschen namens Dan McCallon bezeugt.

»Bist du weit geflogen?«, fragte er.

»Von Amerika rüber«, sagte Earhart und wischte sich die Schmiere aus ihrem Grinse-Gesicht.

Jede Menge wichtige Männer aus aller Welt gratulierten in aller Eile der »Frau der Zukunft«, wie eine Zeitung sie nannte. Eine bemerkenswerte Ausnahme war Mussolini. Wie alle Faschisten zog er Frauen mit Schürze vor, die sich über den Ofen beugten und Pizza backten.

Einem leidenschaftlichen Zeitreisenden wie mir bereitet es großes Vergnügen, die Zeiten zu erkunden, in denen jemand mir Nahestehendes geboren wurde. Bewaffnet mit einem Laptop und einem zuverlässigen Internet-Anschluss, kann ich enorme Mengen von Informationen sammeln.

Aber im Jahre 1932 hatte die Familie meiner Großmutter keine Ahnung, dass all diese Dinge passierten. Und sie brauchte das auch nicht. Ihre Existenz war einfach und ausschließlich auf ihr eigenes unmittelbares Überleben gerichtet.

Ich habe das Glück, mich an meine Urgroßmutter erinnern zu können. Als ich Kind war, pflegte sie zu uns zu kommen, um den Winter mit meinen Großeltern zu verbringen. Einmal erzählte sie mir, dass sie nie etwas in einem Geschäft gekauft habe.

Natürlich war das eine Übertreibung. Sie hatte doch etwas in einem Geschäft gekauft, allerdings nur einmal, auf einer Reise in eine nahegelegene Stadt. Ihr Sohn hatte einen Koller: Er zeigte auf eine Packung Kekse und hörte nicht auf zu schreien. Meine Urgroßmutter musste ihn schon mehrere Male geschlagen haben, eine allgemein übliche Technik zu jener Zeit, um verwöhnte Gören zu überzeugen. Sobald sich zeigte, dass es nicht funktionieren würde, kapitulierte sie und ging zur Theke.

»Alles andere, womit ich meine Kinder je gefüttert habe«, sagte sie, »habe ich mit meinen eigenen Händen hergestellt.«

Sie war immer ein zögerlicher Käufer und gleichsam das Kryptonit der Madison Avenue. Gezielte Werbebotschaften gingen durch sie hindurch wie Neutrinos durch feste Materie, und sie blieb völlig unbeeindruckt.

Gelegentlich besuchte ich sie im Sommer. Ihr Dorf war etwa 100 Kilometer von meiner Heimatstadt entfernt, für meine damaligen Verhältnisse sehr nahe am Rand des beobachtbaren Universums.

Ich erinnere mich, dass ich gleichzeitig gelangweilt und fasziniert war. Es war ein seltsames Gefühl. In einem Ort mit weniger als 100 Häusern gab es für mich wenig zu tun. In den frühen 1980er-Jahren hatte die Urbanisierung bereits die meisten landwirtschaftlich geprägten Dörfer entvölkert, nur alte Menschen waren zurückgeblieben. Ohne lange zu zögern, tauschten ihre Kinder den Komfort des Familiennestes gegen die spannenden Möglichkeiten der Großstadt ein.

Es gab eine riesige Ölraffinerie in der Nähe. Man konnte ihre enormen Schornsteine kilometerweit sehen. Große Fabriken, die Rauch in die Atmosphäre pumpten, wurden in kommunistischen Staaten als Heiligtümer behandelt. Sie waren sogar auf unseren Banknoten abgebildet.

Die Raffinerie bot zweifellos einen faszinierenden Anblick, vor allem nachts, wenn man die Spitzen der Schornsteine hell leuchten sah. Ihr Ausstoß sorgte dafür, dass die gesamte Region nach faulen Eiern roch. Jedes Mal, wenn wir vorbeifuhren, erbrach ich mich ein wenig. Auf der anderen Seite des Dorfes gab es ein weiteres Wunder des kommunistischen Fortschrittes zu bestaunen – einen Militärflughafen. Die Jets flogen oft mit angeberischem Überschall-Donner über das Haus meiner Urgroßmutter hinweg, um jedweden imperialistischen Angriff auf unsere kostbare Ölraffinerie abzuwehren.

Ein Teil des Hauses machte mir wirklich Angst: das Außen-Klo. Wenn ich pinkeln wollte, musste ich tatsächlich rausgehen. Es machte einfach keinen Sinn. Wahrlich, die Menschen, die dieses Haus gebaut hatten, waren sehr dumm, so dachte ich. Später erkannte ich, dass das Dorf keine Kanalisation hatte. Als meine Großmutter geboren wurde, gab es noch nicht mal Elektrizität.

DIE WELT AUS DER SICHT MEINER GROSSMUTTER 1932
Großmutterstadt
Bevölkerung ±100
Ich!
Eine nicht so schlammige Straße
Unter den Linden
Kuhherdenboulevard
Tratschhügel
HASEN
MÄUSE
WEIZENFELD
Straße meiner Tante
Ende der Welt
Straße meines Onkels
Wildschweinboulevard
Straße meines Cousins
GRUSELWALD
ROTE
MONSTER
WASSERMELONENFELD

Das Leben meiner Großmutter war selten von Ereignissen beeinflusst, die hinterm Horizont stattfanden. Als ich sie fragte, ob sie sich an den Zweiten Weltkrieg erinnern könnte, sagte sie, dass sie davon wüsste, aber dass er keine direkten Auswirkungen auf ihr Leben gehabt hätte.

Teilweise lag ihre selige Unwissenheit darin begründet, dass keine größeren militärischen Schlachten in Bulgarien stattfanden. Für sie ähnelte der Zweite Weltkrieg einem jener stinknormalen, fernen, pränapoleonischen Kriege, in denen hier und da kleine Armeen aufeinanderstießen, Diplomaten sich gegenseitig Noten überreichten, königliche Verwandte Jungfrauen tauschten und am Ende jeder einen Kompromiss besiegelte. Die meisten normalen Menschen bemerkten das gar nicht.

In einer solchen Welt war jeder Gedanke an die Globalisierung so abstrakt wie ein Kandinsky-Bild. Es gab nur wenige Gründe, über Dinge, die in einem Nachbar-, geschweige denn in einem in Übersee gelegenen Land geschahen, besorgt zu sein. Alle Nachrichten behandelten lokale Themen und kamen aus einer Quelle, der die Menschen fast vollkommen vertrauten. Skepsis war in der Regel ein bürgerlicher Luxus, den die Bauern nicht kannten.

Deshalb fällt es meiner Großmutter immer noch schwer, echte Probleme von bedeutungslosem, parteipolitischem Gezänk zu unterscheiden, wenn sie die Nachrichten schaut. Für sie ist alles, was die Nachrichten bringen – per Definition – wahr und wichtig. Sie hat keine Ahnung, dass Nachrichten von Menschen wie sie selbst gemacht werden und somit oft unglaublich subjektiv sind. Sie stellt sich vor, sie würden auf Bäumen im großen kosmischen Äther wachsen, und fleißige Journalisten kommen einmal täglich vorbei, um die schon reifen Nachrichten für den Massenkonsum zu pflücken.

Der ständige Fluss von Informationen macht sie extrem neurotisch. Sie versucht, jedes Detail, das sie hört, im Gehirn zu speichern, und da sie das offensichtlich nicht packt, schiebt sie es auf ihr schlechtes Gedächtnis.

»Heute wurde in den Schulen ein Aufsatz geschrieben, aber ich habe das Thema vergessen«, beklagte sie sich einmal bei mir, »ich habe mir sogar das Thema aufgeschrieben, damit ich es nicht vergesse, aber ich habe den Zettel verloren!«

»Aber Oma, wen kümmert das! Warum versuchst du, dich an so was zu erinnern?«

»Nun«, sagte sie, »ich müsste es nicht versuchen, wenn ich mir Mühe gegeben hätte, den Zettel nicht zu verlieren, auf dem das Thema steht.«

Für sie sind die Massenmedien ein Orientierungsinstrument, kein Kommunikations-Mittel. Spuren dieser Haltung findet man bei älteren Leuten in vielen industrialisierten Ländern. Sie sind oft von der modernen Welt enttäuscht. Ihr nostalgisches Schwelgen in den guten alten Tagen verleitet sie dazu, Apokalypsen in Entwicklungen zu sehen, die einfach eine Anpassung an neue Bedingungen darstellen, an eine Natur, die sie aber nicht begreifen können.

Es hat schon immer gesellschaftliche und kulturelle Veränderungen gegeben, aber sie vollzogen sich kaum je derart hektisch. Der Wandel heute ist wirklich tiefgreifend, und sein Einfluss auf die Medien ist nur ein Nebeneffekt des enormen Wandels in der Art, wie wir Informationen austauschen.

Viele von uns können sich noch an die Zeit erinnern, als Zugang zu Wissen gleichzusetzen war mit dem Zugang zu einer Bibliothek und der ganzen Bürokratie, die dazu gehörte. Die Anzahl der Bücher, die wir besaßen, galt oft als Gradmesser für unsere Intelligenz. Diese Vorstellungen sind so uralt, dass sich ihr Wesen im Laufe einer halben Ewigkeit gewandelt hat: Aus praktischen Konzepten wurden universelle Prinzipien, ohne die eine Hochkultur undenkbar ist.

Die früheste Bibliothek, die heutige Historiker kennen, existierte im Tempel von Nippur, so etwa 2500 v. Chr. Von dort stammen die ältesten Aufzeichnungen jener gigantischen Pool-Party, die die Bibel später als Sintflut bekannt machte. Wir wissen auch, dass die nicht-religiösen Privat-Bibliotheken mindestens seit der klassischen Periode in der griechischen Antike existiert haben. Die königliche Bibliothek von Alexandria ist das berühmteste Beispiel.

Seit die Priester von Nippur damit begannen, über die Getreidemengen Buch zu führen, die sie ihrem Gott Enlil geopfert hatten, benötigten Informationen einen bestimmten Raum, in dem sie sicher gelagert werden konnten. 4500 Jahre lang erfüllten Gebäude diese Aufgabe. Sie mussten bedrohlichen Naturkatastrophen und den noch viel zerstörerischen politischen Katastrophen standhalten. Leider war ihre Nutzung nur beschränkt möglich.

Menschen, die nicht einfach Zugang zu diesen Gebäuden hatten, aber Informationen griffbereit haben wollten, mussten sie auswendig lernen und in ihren Köpfen bei sich tragen. Diese »landwirtschaftliche« Methode, auf Wissen zuzugreifen, war lange effektiv, bis in den letzten Jahrhunderten die Menge der kollektiv angesammelten Weisheiten die Kapazität eines einzelnen menschlichen Gehirns drastisch überstieg.

Es ist unglaublich naiv, zu glauben, dass wir auch weiterhin unser Wissen in solch einem institutionalisierten »Kornspeicher« sammeln können. Heutige Speichergeräte sind unglaublich billig und leicht zu transportieren, und fast jeder kann sich eine Internetverbindung leisten. Mit anderen Worten: Jemand, der in Europa lebt, muss keinen Flug über den Atlantik buchen, um in der Library of Congress zu stöbern.

Ich frage mich, ob sich Amelia Earhart vorstellen konnte, dass so etwas möglich wäre, als sie im Jahre 1932 über den Ozean flog. Ich konnte das als Kind sicher nicht, und sogar Science-Fiction-Autoren haben nur selten etwas wie das Internet in Betracht gezogen.

In Anlehnung an das dritte Gesetz von Arthur Clarke gilt: Für meine Großmutter ist diese Technologie nicht von Magie zu unterscheiden. Aber wenn ich mir die Welt durch ihre Augen ansehe, bin ich dankbar, zu Beginn eines solchen enormen Wandels in der Geschichte der Menschheit zu leben.

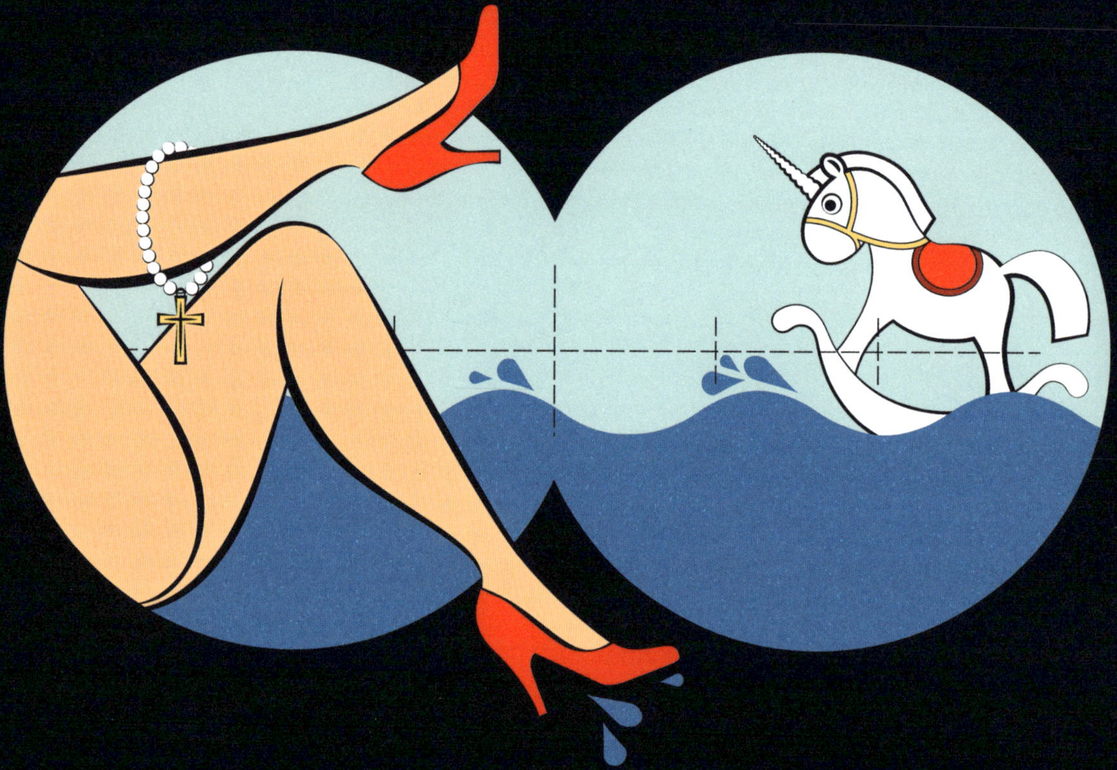

HINTER DEM HORIZONT

1492 war weltgeschichtlich betrachtet ein Blockbuster-Jahr. Der Anfang hätte einer südamerikanischen Seifenoper alle Ehre gemacht.

Der Vorspann musste ausfallen, weil sich die Ereignisse schon überschlugen. Am zweiten Tag des Monats Januar wurde der letzte muslimische Staat auf der Iberischen Halbinsel, das Emirat von Granada, von den Armeen der katholischen Könige erobert, einem fanatischen inzestuösen Paar, bestehend aus Isabella I. (Königin von Kastilien) und Ferdinand II. (König von Aragon). Ihre Personalunion wurde später die Grundlage dessen, was wir heute als Spanien bezeichnen.

Wer das Glück hatte, der Kapitulation beizuwohnen, musste das für die Erfüllung seiner feuchtesten kastilischen Träume halten: Das Kreuz Christi hängt an den Wänden des bezaubernden Palastes der Alhambra. Der maurische Emir Muhammad XII. kommt langsam näher, in der Hand hält er die Schlüssel seiner Stadt. Er ist bereit, sie seinen Eroberern Isabella und Ferdinand zu präsentieren und ihre Hände als Zeichen der Kapitulation zu küssen.

Da kommt es zu einer dramatischen Wendung im Zeremoniell. Um die Würde ihres Sohnes vor der Komplett-Entmannung zu retten, bittet Muhammads Mutter die katholischen Könige um eine Änderung im Protokoll. So kann die Stadt ohne den erwähnten demütigenden Kuss in die Hände der neuen Machthaber übergeben werden. Isabella und Ferdinand stimmen zu.

Das Publikum ist tief bewegt von der barmherzigen Geste und singt spontan den katholischen Evergreen »Te Deum« und bricht in Tränen der Freude und Dankbarkeit aus. Man munkelt, dass nur die Barmherzigkeit des allmächtigen christlichen Gottes, der die Himmel geöffnet hatte, um einen Blick auf die bedeutsame Feier zu werfen, die Menschen vor schwerer Dehydrierung bewahrte, indem er ihre Tränendrüsen auf wundersame Weise mit destilliertem Weihwasser auffüllte.

Einige wussten zu berichten, dass Muhammad XII. auf seinem Weg ins Exil einen nahe gelegenen Hügel erreichte und zurückblickend sein geliebtes Schloss ein letztes Mal ansah. Überwältigt von Trauer und dem verzehrenden Gefühl von Verlust, begann er zu weinen. Da tröstete ihn seine Mutter, geradezu die Inkarnation einer perfekten Muslim-Domina, mit den Worten: »Du weinst wie eine Frau um das, was du nicht wie ein Mann verteidigen konntest.«

DIE ENTDECKUNG AMERIKAS AUS DER SICHT VON CHRISTOPH KOLUMBUS 1492

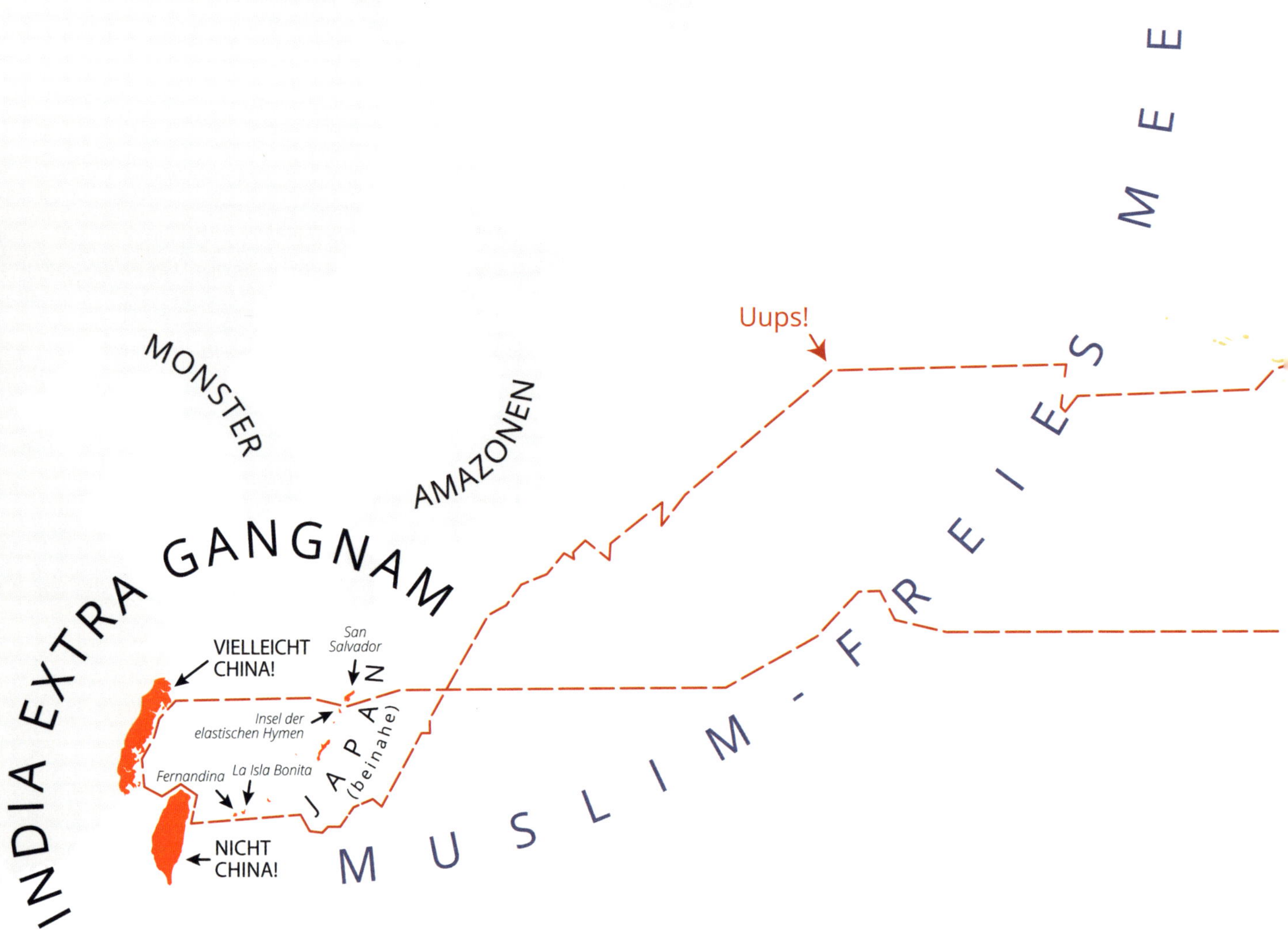

EINHÖRNER
PASTINAKEN
SEIFEN-OPERN
HEILLOSES SCHLAMASSEL
JÜDISCHES GHETTO
DRACHEN
FALSCHE KATHOLIKEN
BANKROTTE RENAISSANCE
STARTVORTEILS-BUCHT
NEIDISCHE SNOBS
VERSEUCHTES GEBIET
TROTTEL
WAHRE KATHOLIKEN
Fuck Yeah!
TOMATEN-FREIES MEER
MAURISCH SPA UND SOMMERFRISCHE
McMUMIE®
SATAN
AFRO-AMERIKANER

In der begeisterten Christenmenge, die den Sturz des islamischen Emirats feierte, befand sich ein Genueser Seemann namens Christoph Kolumbus. Er hatte mehr als einen Grund, zufrieden zu sein. Die katholischen Könige hatten versprochen, dass sie sein Projekt, den Seeweg nach Indien zu erforschen, finanzieren würden. Auf dieser westlichen Route würde man unbehelligt bleiben von Ungläubigen wie Muhammad XII. und seinem viel mächtigeren Glaubensbruder, dem osmanischen Sultan in Konstantinopel.

Die meisten Menschen glaubten, Kolumbus sei entweder auf Drogen oder schlicht verrückt. Aber Isabella und Ferdinand hatten wenig zu verlieren, weswegen sie eine Selbstmord-Mission von drei Schiffen subventionierten. Wenn eine solche Strecke wirklich existierte, würde Kastilien eine Chance erhalten, sowohl das unglaublich reiche Osmanische Reich im Osten als auch das zunehmend ambitionierte Portugiesische Königreich im Westen, das hartnäckig auf der Suche nach einem östlichen Seeweg nach Indien war, zu übertrumpfen.

In unserem Zeitalter der Vernunft sind wir oft versucht, uns Kolumbus als einen abenteuerlustigen Entdecker vorzustellen, der von einer unersättlichen Neugier und Leidenschaft für das Unbekannte angetrieben wurde.

Die Wahrheit gestaltet sich etwas anders. Europa war am Ende des 15. Jahrhunderts ein schmuddeliger Ort. Ein erheblicher Teil wurde von Muslimen regiert. Die spanische Reconquista vermochte die Mauren nach Afrika zu vertreiben und das Christentum nach 700 Jahren des Kampfes zurück auf die Iberische Halbinsel zu befördern. Aber im Osten riss sich eine andere große muslimische Macht eilig Gebiete der christlichen Donau-Reiche unter den Nagel. Die Ambitionen dieser Macht waren viel größer als die der kleinen maurischen Staaten im abgewirtschafteten al-Andalus, von dem nur noch das dekadente und wehrlose Emirat Granada übrig war.

Die Osmanen wollten alles haben, und zwar sofort. Nach der Eroberung von Konstantinopel erhoben sie Anspruch auf die gesamte Region, die ehemals vom Römischen Reich beherrscht worden war, also auf nicht weniger als die Hälfte des Kontinents.

Die europäische Geschichte ist unglaublich arm an Symbolen. Normalerweise könnte man erwarten, dass im Lauf der Jahre neue Ideen aufkommen und ältere vergessen werden. Stattdessen wurden viele von ihnen immer wieder recycelt, wie die Handlung eines profitablen Actionfilms.

Einer der immer wiederkehrenden Träume verschiedener europäischer Herrscher war die Wiederherstellung des Römischen Reiches. Die Stadt Rom wurde so lange als das politische Zentrum der europäischen Welt angesehen, dass es irgendwann als ein Synonym für politische Macht schlechthin galt. Das änderte sich auch nicht, als Kaiser Konstantin die römische Hauptstadt plötzlich nach Konstantinopel verlegte. Getreu ihrer Gewohnheit, bezeichneten die Menschen die neue Hauptstadt sofort als das Zweite Rom.

Nach Jahrhunderten der militärischen Auseinandersetzung, des moralischen Verfalls und des politischen Bankrotts fiel das Erste Rom, oder was an Ruinen davon übrig war, im Jahr 476 schließlich den Barbaren in den Schoß. Obgleich nicht mehr im Besitz seiner alten Hauptstadt, dehnte sich das Römische Reich im Osten weiter aus, als wäre nichts gewesen.

Die Römer in Konstantinopel konnten nicht ahnen, dass im 16. Jahrhundert ein deutscher Historiker namens Hieronymus Wolf einen neuen Namen für ihren Staat prägen würde – »Byzantinisches Reich«. Aus historischer Sicht ist das so sinnlos wie die Bezeichnung Babylonien für den modernen Irak. Aber westlichen Historikern gefiel es, wahrscheinlich weil man es mit ein bisschen bösem Willen leicht so verstehen konnte, als hätte das von Konstantinopel aus regierte Reich nichts mit Rom zu tun.

Aber letztlich und faktisch war das Byzantinische Reich eine direkte Fortsetzung des antiken »Vorgängers«. Obwohl das Griechische relativ schnell das Latein als Hauptsprache ersetzt hatte, nannten sich die Menschen selbst und ihren Staat weiterhin römisch.

Die Namensänderung im Westen diente der historischen Legitimation eines frankensteinschen Monsters namens Heiliges Römisches Reich, das ausschließlich von Sündern bewohnt und dessen Hauptstadt nie Rom gewesen war.

Das Papsttum startete das Heilige-Römische-Reich-Projekt als Versuch, seine geistige und politische Unabhängigkeit zu erhalten. Das wollten die byzantinischen Kaiser und die ihnen untergeordneten Patriarchen im Osten natürlich nicht hinnehmen.

Um dieses Problem ein für alle Mal zu lösen, entwickelte Papst Leo III. eine brillante Idee. Er verführte den mächtigsten Führer im Westen, Karl den Großen, und krönte ihn am Weihnachtstag zum römischen Kaiser, genau 800 Jahre nach der (angeblichen) Geburt von Jesus Christus.

Beide Männer haben aufeinander gewartet, wie die Wüste den Regen ersehnt. Karl der Große, launisch wie eine Hollywood-Diva, war begierig darauf, seine Eroberungen in Italien und Sachsen zu konsolidieren. Leo III. brauchte einen Verbündeten mit schlagkräftiger Armee, um das Papsttum gegen die byzantinische Bedrohung abzusichern und sein Streben nach universeller geistiger Herrschaft ausleben zu können.

Es ist nicht so ganz klar, wer der wahre Nutznießer dieser Ehe war. Karl der Große machte sich wahrscheinlich mehr Gedanken über das Abschlachten aufsässiger Sachsen, die zufällig Nicht-Christen waren, als über die Heiligkeit seines Titels. Leo III. muss Politik als ein notwendiges Übel angesehen haben, das bis zur Auferstehung seines geliebten Arbeitgebers hingenommen werden konnte.

1200 Jahre später gibt es das Papsttum immer noch. Hartnäckig hält es an der Vergangenheit fest und predigt über die Gefahren von Kondomen und Gentechnik. Das Reich von Karl dem Großen hingegen zerfiel rasch nach seinem Tod, und alles, was von ihm geblieben ist, ist sein Grab im berühmten Aachener Dom, der – ironischerweise – der katholischen Kirche gehört. Der Geist muss wirklich mächtiger sein als das Schwert. Sobald sie den süßen Nektar der Weltherrschaft gekostet haben, halten die römischen Päpste daran fest, dass sie jeden politischen Führer erst legitimieren müssen. Ihr Tun mag im Rückblick naiv und wahnhaft scheinen, aber diese Leute waren fest in der Wirklichkeit verankert. Dass sie diese nach ihrem Willen formen konnten, war ihnen eine Selbstverständlichkeit.

Nur für den Fall, dass jemand Zweifel an der Ernsthaftigkeit ihrer Ansprüche hatte, begannen sie, eine schicke Tiara mit dreifachem Kronreif zu tragen, die wie ein Haartrockner aus einem Schönheitssalon am Ende des 20. Jahrhunderts aussah. Extravagante Kleidung war schon immer zu Einschüchterungszwecken zum Einsatz gekommen, aber die päpstliche Tiara war ein wahres Meisterwerk seiner Art, unbequem zu tragen zwar, aber was ist eine Nackenverletzung schon gegen die Aussicht auf die Weltherrschaft?

Als die Osmanen im Jahre 1453 Konstantinopel eroberten, gewannen sie nicht einfach eine Stadt. Sie erwarben ein Symbol. Es wurde sofort die Hauptstadt ihres Reiches, und der 21-jährige Sultan Mehmed II. nannte sich »Kayser-i Rum«, was türkisch ist und »Römischer Kaiser« bedeutet. Seiner Logik gemäß erhielt Mehmed damit das Recht, auch über das erste Rom zu herrschen.

Den Osmanen ist es nie gelungen, Italien zu erobern. Obwohl: Im Jahre 1480 besetzten sie Otranto, eine Stadt in Apulien, die zu dem Zeitpunkt Teil des Königreichs Neapel war, des südlichen Nachbarn des Kirchenstaates.

Sixtus IV. hatte das Pech, als Papst in schwierigen Zeiten regieren zu müssen. Er bekam es richtig mit der Angst zu tun und hatte sogar schon Pläne für die Evakuierung Roms entwickelt, nur für den Fall, dass die osmanischen Horden aus Otranto vorhatten, sich in Richtung Norden zu bewegen. Mit der einen Hand zeichnete er die Schilder für den Notausgang, mit der anderen telefonierte er den globalen christlichen Kreuzzug gegen die Ungläubigen zusammen. Den Jackpot knackte er schließlich, als Mehmed II. starb und eine dynastische Schlacht die weitere osmanische Expansion verhinderte.

Vielleicht hat dieser kleine ironische Wink des Schicksals das römische Pantheon davor bewahrt, zur Moschee zu werden, und dafür gesorgt, dass die frisch gemalten nackten Körper von Adam und Gott in der Sixtinischen Kapelle nicht durch schichtenweise hypnotisierende Arabesken überdeckt worden sind. Ganz anders als das Papsttum hatten die Muslime an der homoerotischen Pornografie noch keinen Geschmack gefunden.

Die osmanischen Sultane haben ihre römischen Ansprüche nie wirklich aufgegeben. Ein Beweis dafür ist die Tatsache, dass der offizielle Name ihrer Hauptstadt Konstantinopel die ganze Geschichte ihres Reiches hindurch gleich geblieben ist. Er wurde erst in Istanbul umgeändert, als die Dynastie abgemeldet war und die Türkei zur Republik wurde.

Ein weiteres, viel interessanteres Zeugnis stellt eine Gravur mit dem Porträt von Süleyman dem Prächtigen dar, des Urenkels von Mehmed II., gemalt von Agostino Veneziano. Darauf trägt der Sultan eine Tiara mit vierfachem Kronreif, handgefertigt speziell für ihn in Venedig, der Mode-Hauptstadt jener Zeit. An ihrer Spitze war sie mit einer riesigen Feder geschmückt, eine Provokation, die zweifellos jeden Italiener erfreute. Man weiß nicht, ob der Papst ein signiertes Exemplar des Porträts erhielt, aber Süleyman verpasste nie eine Gelegenheit, die Tiara seinen Botschaftern zu zeigen.

Als diplomatische Regel galt damals: »Wer seine Feinde nicht besiegen kann, der möge sie wenigstens necken!«

Das osmanische Konstantinopel wurde seinerseits zur fixen Idee einer anderen aufstrebenden Supermacht im Norden: Russland, dessen Hauptstadt bald

EUROPA AUS DER SICHT VON BAYEZID II. 1500

als das »Dritte Rom« bezeichnet wurde, nachdem die Osmanen das »Zweite Rom« erobert hatten.

Nicht länger ein physischer Ort, sondern eine abstrakte Angelegenheit, wurde »Rom« zu einem europäischen Zankapfel, so wie Abraham zum Gründer von drei monotheistischen Religionen wurde, die einander verachten.

Es mag unlogisch klingen, aber gemeinsame Symbole bringen die Menschen einander nicht immer näher. Sehr oft haben sie den gegenteiligen Effekt, und anstelle von Liebe und Verständnis rufen sie Hass und Neid hervor.

Es war solch ein Neid, der das christliche Europa im 15. Jahrhundert dazu brachte, sich von den viel weiter fortgeschrittenen muslimischen Mächten des Ostens zu emanzipieren. Die Osmanen und die Araber kontrollierten den Handel mit Indien übers Rote Meer und über die berühmte Seidenstraße, die ein weiteres wichtiges Symbol in der europäischen Geschichte ist. Ständig im Krieg mit der muslimischen Welt, hatte das christliche Europa kaum eine Chance, all die begehrten exotischen Waren, nach denen es gierte, zu erschwinglichen Preisen zu erstehen.

Die Lösung ließ sich leichter formulieren als umsetzen. Die Europäer mussten einen Weg finden, direkt mit Indien Handel zu treiben, wie es ihre römischen Vorgänger jahrhundertelang taten.

Es ist definitiv nicht wahr, dass die Menschen damals geglaubt hätten, die Erde sei flach, und dass Kolumbus sie vom Gegenteil hätte überzeugen müssen. In Wahrheit waren die Menschen sich der Rundheit des Planeten mindestens seit Aristoteles bewusst, der 330 v. Chr. einen Beweis hierfür gefunden hatte.

Einige Historiker behaupten, das Missverständnis sei im Laufe des 19. Jahrhunderts absichtlich durch die frühen Anhänger der Evolutionstheorie verbreitet worden. Sie wollten die katholische Kirche rückständiger aussehen lassen, als sie es tatsächlich war. Aber weder die Kirche noch ein Gelehrter jener Zeit bestanden darauf, dass die Erde ein riesiger, von Elefanten getragener Pfannkuchen sei. Ironischerweise sollten sich solche lächerlichen Ideen erst später in der Menschheitsgeschichte entwickeln, was zweifelsfrei beweist, dass es keine direkte Korrelation zwischen Ignoranz und Dummheit gibt.

Was die Menschen im 15. Jahrhundert nicht sicher wussten, war, ob man Afrika umrunden kann. Bis dahin hatte sich niemand die Mühe gemacht, es zu überprüfen, denn es war schlicht nicht notwendig, und die meisten Denker gaben sich damit zufrieden, das Problem einfach als theoretisches Problem zu behandeln.

Einige glaubten, Afrika erweitere sich so weit, dass seine Landmasse den Indischen Ozean umfassen und sich mit Asien am anderen Ende verbinden würde. Was hieße, dass Indien für alle Schiffe aus dem Atlantik unzugänglich wäre.

Andere glaubten, die Erde sei streng in Klimazonen aufgeteilt, was jeden an der Überquerung des Äquators hindern würde. Gemäß dieser Theorie waren die Sonnenstrahlen in der äquatorialen Zone so mächtig, dass sie das Meerwasser zum Kochen brachten. Eine Reise durch die Region würde jedes Schiff in eine dampfende Suppe aus Menschenfleisch und knisterndem Holz verwandeln.

Es gab auch einige seefahrerische Herausforderungen. Seereisen wurden hauptsächlich entlang der

Neuigkeiten 2
Gemälde
Enge Freunde 12
Harem 1 204

SEITEN
Slawische Mädchen
Say No To Booze!
I "Heart" Vienna!
Muslim Pride '29
Ottoman Idol

INTERESSEN
Poesie
Tulpen
Kopfbedeckungen

Süleyman I., der Prächtige, Römischer Kaiser
War neulich auf dem Markt in Venedig bummeln und hab diesen Hut gesehen. Da konnt ich nicht widerstehen! Wie geil ist der denn! Ist er doch, oder, Papst Clemens VII.?

Gefällt mir · Kommentieren · Teilen

♥ 10 Leuten gefällt das. Top-Kommentare ▾

3 mal geteilt

Papst Clemens VII. Mein Lieber, gibt es die Helmpflicht in Konstantinopel noch?
Gefällt mir · Antworten · vor 37 Minuten

Süleyman I., der Prächtige, Römischer Kaiser Nur beim Vespa-Fahren, Schätzchen! <3
Gefällt mir · vor 20 Minuten

Francois I. von Frankreich Sieht TOLL aus! Küsse! Muah muah miuah!!! <3
Gefällt mir · Antworten · vor 20 Minuten

Karl V. (HRR) Schon traurig, wie viele Menschen heute ihr Aussehen so wichtig nehmen. :((((
Gefällt mir · Antworten · vor 32 Minuten

GESPONSERT

Bester iberischer Schinken
porkofspain.com
Vorzügliches Schwein, geschlachtet von frisch bekehrten Christen

McBratwurst
wurstunddrang.de
Genieße phallisches Essen! Sag diesmal an Weihnachten Nein zu Dönern!

Küsten gemacht, und niemand wagte es, aufs offene Meer zu fahren. Der Kompass war eine relativ neue Erfindung, und die Europäer nutzten üblicherweise die Sternbilder der Nordhalbkugel zur Orientierung.

Aber die Dinge waren im Wandel, und als Kolumbus die Bühne betrat, bauten die iberischen Königreiche die modernsten Schiffe in Europa.

Was sich leider nicht wandelte, war die menschliche Vorstellungskraft. Die gleichen alten Geschichten über Gold und Gewürze entfachten die gleichen alten Begehrlichkeiten. Haufenweise Mythen, von Alexander dem Großen bis hin zu Marco Polo, proklamierten Indien als Quelle allen Reichtums.

Zuweilen gab es die eine oder andere Geschichte über Menschen, die sich Richtung Westen aufmachten, aber etwas ganz anderes im Sinn hatten. Brendan der Reisende verließ seine Heimat Irland, um die Insel der Seligen zu suchen. Er war einer dieser Mönche, die sich genötigt sahen, das Christentum so weit wie es ihm möglich war zu verbreiten. Bevor er zu seinem großen Abenteuer aufbrach, umschiffte Brendan Irland. Er vergewisserte sich, dass jeder, dem er begegnete, wirklich davon überzeugt war, dass eine Jungfrau schwanger und ihr Jungfernhäutchen nach der Geburt wiederhergestellt werden könnte. Erst danach sah er sich in der Lage, nach Westen aufzubrechen.

Auf seiner Reise lernte er eine Menge interessanter Dinge kennen, die total glaubwürdig waren: ein geronnenes Meer etwa, oder Judas, der im heutigen Island Urlaub machte, einige Teufel, gerade zu Ostern viele Schafe und natürlich jede Menge Vögel, die christliche Psalmen sangen. In der Zwischenzeit attackierte ein Ungeheuer sein Schiff, aber Gott, der sich wie üblich für die kleinsten Einzelheiten der menschlichen Verrichtungen interessierte, hob die Gesetze der Schwerkraft aus den Angeln, sodass die Wasser des Meeres weichen und Brendan aus der Gefahr entlassen konnten.

Ganz richtig! Wann immer sie nicht von Gold und Gewürzen träumten, sehnten sich die Europäer danach, auf jeden Fall die ganze Welt zu taufen, weil es keinen Zweifel geben konnte, dass ihr Gott der einzig wahre Gott war.

Der Nervenkitzel, den die Erforschung des Unbekannten bereitet, die Aufklärung von Geheimnissen jenseits der eigenen Vorstellungskraft, stand noch nicht auf dem Programm. Es mussten noch einige Jahrhunderte ins Land ziehen, ehe das Zeitalter eben der Aufklärung, das jenem kreativen Chaos nachfolgte, das wir heute liebevoll Renaissance nennen, die europäische Zivilisation tiefgreifend umwälzte und aus einem Stamm missionierender Fanatiker liberale Weltbürger machte. Der Prozess ist keineswegs abgeschlossen, aber die Veränderungen sind spürbar.

Kolumbus setzte diese Entwicklung am 12. Oktober 1492 in Gang, als er völlig unbeabsichtigt seinen Fuß auf eine Insel setzte, die zu den heutigen Bahamas gehört. Genau wie Cervantes nie sagt, woher Don Quixote kommt, hielt Kolumbus nicht sonderlich präzise fest, welche Insel genau die Ehre hatte, den ersten Kastilenen in der Neuen Welt zu empfangen.

Überdies gibt es unterschiedliche Berichte über das, was er entdeckt zu haben glaubte. Einigen Quellen zufolge war Kolumbus überzeugt, dass er Japan erreicht hätte, das die Menschen damals »Cipango«

EUROPA AUS DER SICHT DER WIKINGER 1000

nannten. Anderen Quellen zufolge glaubte er, in Indien gelandet zu sein. Zu dieser Zeit war das für die meisten Leute ohnehin kein so großer Unterschied. Für die Europäer war jedes Stück Land östlich des Ganges der reine Mythos. Sie nannten es »India extra Gangem«.

Die Historiker sind sich über eines allerdings einig. Kolumbus hatte keinen blassen Schimmer, dass er auf einem neuen Kontinent gelandet war, und bis zu seinem letzten Seufzer war er der Überzeugung, er habe den Weg nach Indien entdeckt. Es sollte noch einige Zeit dauern, ehe die Europäer kapierten, dass er in Wahrheit einen Kontinent entdeckt hatte.

Es gibt ein slawisches Sprichwort, das besagt: »Alles Neue ist bloß gut vergessenes Altes.« Und trotz all dem Lärm und Tamtam ist es wohl für niemanden mehr ein Geheimnis, dass Kolumbus nicht der erste Europäer war, der die Neue Welt erreichte.

Zunächst einmal ist die Grenze zwischen Alter und Neuer Welt rein subjektiv. Sie ist ein Ergebnis der Unwissenheit und der technologischen Beschränktheiten des christlichen Europas.

Aber während der glückseligen Stagnation im frühen Mittelalter gab es eine andere Art von Europa im Norden. Es gehörte den Wikingern. Diese wurden oft als blutrünstige Tiere beschrieben – von den mittelalterlichen christlichen Historikern, die, genau wie die alten Griechen, die Angewohnheit hatten, jede heidnische Zivilisation als barbarisch zu erachten.

Erst sehr viel später studierte das christliche Europa die Geschichte der Wikinger ohne dogmatische Vorurteile. Aber das hinderte die Wikinger nicht daran, den gesamten europäischen Kontinent zu erforschen und im Süden bis zum afrikanischen Marokko und ins asiatische Anatolien vorzudringen.

Allerdings erbrachten sie ihre erstaunlichsten geografischen Leistungen im nordwestlichen Skandinavien. Im Jahr 825 erreichten sie die Färöer-Inseln, und 874 kamen sie in Island an, wo sie sich niederließen und später ihre Legenden niederschrieben, die heute als die Islandsagas bekannt sind.

Diese Geschichten bilden den Grundstock einer literarischen Tradition, die bis heute lebendig ist. »Ad ganga med bok I maganum« ist ein beliebter Spruch in Island. Er bedeutet: »Jeder bringe ein Buch zur Welt.« Und es ist fast wörtlich zu nehmen. Jeder zehnte Einwohner dieser kleinen felsigen Insel hat ein Buch veröffentlicht.

Im Jahr 982, weniger als ein Jahrhundert nach ihrer Ankunft in Island, stießen die Wikinger nach Grönland vor. Im Jahr 1000 fuhren sie sogar noch weiter und landeten in Neufundland, wo sie sich in einem Ort namens Vinland gemütlich niederließen. Der erste bekannte Amerikaner mit europäischen Eltern wurde bald danach geboren. Sein Name war Snorri Þorfinnsson.

Aus der Sicht moderner geografischer Konventionen ist dies natürlich nicht ganz richtig, denn Grönland gehört zu Amerika, und Vinland wurde erst 18 Jahre später besiedelt. Zeit genug also für ein grönländisches Baby, den begehrten Titel für sich zu reklamieren.

Das Problem ist, dass Grönland seit jeher politisch als Teil Europas gegolten hat, was die Dinge sehr verwirrend macht. Seit der Zuordnung der tektonischen Platten am Anfang des 20. Jahrhunderts wurden die Definitionen noch schwerer fassbar. Folgt man nämlich ihren Grenzen, wird deutlich, dass Island und Ostsibirien auch als amerikanisch angesehen werden sollten.

Warum sprechen wir also davon, dass Kontinente »entdeckt« wurden? Und warum sollte es uns scheren, dass ein fremdenfeindlicher christlicher Fanatiker wie Christoph Kolumbus im Jahr 1492 Amerika erreicht hat?

Nun, was auch immer die Wikinger entdeckten, es ist eine unbestreitbare Tatsache, dass nur wenige, wenn überhaupt irgendjemand, von den frommen christlichen Europäern aus dem Süden eine Ahnung hatte, was in den kalten Tiefen der kargen Arktis vor sich ging. Die Wikinger waren die einzigen, die von ihren eigenen Entdeckungen profitierten. Nachdem ihre Zivilisation zerfallen war, wurden ihre Abenteuer bald vergessen, oder sie verwandelten sich in Mythen. Nur an Plünderung und Vergewaltigung erinnerte man sich noch. Schnell und zweckmäßigerweise vergessen wurde der florierende Handel zwischen Südstaatlern und den »Wilden« aus dem Norden.

Natürlich war der Handel mit Wikingern und Muslimen für die Christen etwas zutiefst Unmoralisches, aber sie konnten nur selten der Versuchung nach exotischen Waren widerstehen. Die großartige Dreiecks-Liebesgeschichte des frühen mittelalterlichen Handels erstreckte sich von China bis zu den Küsten Islands und den Häfen der italienischen Seerepubliken. Textilien, Gewürze, Edelsteine und Felle wurden auf persischen Wagen, Wikingerschiffen und fränkischen Maultieren transportiert.

Die Ungläubigen hatten eine Vorliebe für Streiche. Die Wikinger, die in den kalten arktischen Gewässern Narwale fischten, drehten dem abergläubischen europäischen Adel die Stoßzähne der Wale als Hörner von Einhörnern an. Die Nachfrage war groß, weil die Südstaatler überzeugt waren, dass es Einhörner wirklich gab. Nicht, dass jemand je eins gesehen hätte. Die Menschen sehnten sich danach, an erfundene Geschichten zu glauben.

Der Großintellektuelle Leonardo da Vinci beschreibt die Einhorn-Jagd als raffiniertes Ritual mit verstörenden sexuellen Untertönen: »Wegen seiner unmäßigen, bis zur Selbstaufgabe gehenden Liebe zu schönen Jungfrauen verliert das Einhorn alle eigene Stärke und Wildheit; und alle Furcht vergessend, wird es zu einer sitzenden Jungfrau gehen und sich in ihrem Schoß zum Schlafen niederlegen, und so kann der Jäger es fangen.«

Nach der Lektüre solcher Zeilen kann man es schon bedauern, dass Sigmund Freud nicht in der Renaissance geboren wurde. Aber es würde mich nicht wundern, wenn jemand in Island ein altes Buch mit diesem Titel findet: *Saga der sexuell unterdrückten Südländer, die Gold gegen Wal-Zähne tauschten.*

Der hartnäckige Glaube an Einhörner pflanzte sich noch lange, nachdem der letzte Wikinger die Bibel als die wahre Schöpfungsgeschichte umarmt hatte, weiter fort. Erst im Jahre 1638 bewies ein dänischer Arzt namens Ole Worm, der berühmt für seine embryologischen Studien war, dass das im Handel befindliche Einhorn in Wahrheit Narwal-Stoßzähne waren. Es dauerte einige Zeit, bis die Erkenntnis sich durchsetzte. Einhorn in Pulverform wurde noch mindestens ein weiteres Jahrhundert lang als Medizin verkauft.

Aber die eigentlichen Meister im Verarschen waren die Muslime. Sie ließen keine Gelegenheit ungenutzt, ihre hypochondrischen Nachbarn im Westen dumm dastehen zu lassen. Nachdem sie ihnen jahrelang überteuerte Aphrodisiaka wie schwarzen Pfeffer verkauft hatten, fanden sie eine echte Marktlücke: Mumien.

Mumien waren nicht schon immer eine Seltenheit. Es gab bis ins 16. Jahrhundert sogar ziemlich viele. Dann aber fingen die äußerst zivilisierten christlichen Europäer aus irgendwelchen verrückten Gründen damit an, sie zu essen.

Ironischerweise geschah das um die Zeit herum, als die Tomate von Amerika nach Europa kam. Erst etwa zwei Jahrhunderte später tauchte sie als Zutat in einem europäischen Rezept auf, weil die Menschen befürchteten, sie sei giftig. Die Mumie aber war sofort ein durchschlagender Erfolg.

Thomas Joseph Pettigrew war ein berühmter Chirurg, der gelangweilten britischen Aristokraten durch Autopsien an Mumien Unterhaltung verschaffte. Er mumifizierte nach dessen Tod sogar den Körper von Alexander Douglas-Hamilton, dem zehnten Herzog von Hamilton. In seiner *Geschichte der ägyptischen Mumien* schrieb Pettigrew: »Kaum wurde bekannt, dass Mumien der Medizin einen wertvollen Dienst erwiesen, da begannen auch schon viele Spekulanten mit ihrem Handel; die Gräber wurden geplündert, und so viele Mumien, wie man nur kriegen konnte, wurden zu Verkaufszwecken in Stücke gebrochen.«

Der Hype brach wie eine Sturmflut über Europa los, und gemahlene Mumie war so verbreitet wie Aspirin heute, zumindest bei den Leuten, die es sich leisten konnten. Für François I., den König von Frankreich, war das Zeug ein Wunder der Medizin, und er trug für den Notfall immer einen Beutel um seinen Hals. Wie das Horn des Einhorns wurde auch das Mumien-Mittelchen noch lange Zeit verschrieben, als längst klar war, dass es weder ein Medikament war, noch unbedenklich verzehrt werden konnte.

Und wenn Sie jetzt dachten, das war ja noch nicht grausam genug, hätte ich noch eine gruselige Wendung der Geschichte zu berichten: Nachdem die Europäer die Hauptspeicher leergefuttert hatten und es immer schwieriger wurde, Mumien aus den alten ägyptischen Gräbern zu ernten, begannen einige Händler damit, Fälschungen herzustellen, indem sie tote menschliche Körper in Erdpech einweichten. Ironischerweise war es das Erdpech selbst, das den Glauben an die Heilkraft der ägyptischen Mumien entfacht hatte. Seine Farbe und Textur glich nämlich jener geheimnisvollen Substanz, die auf dem europäischen Kontinent selten war. Zum Beispiel verschrieb Plinius der Ältere Erdpech bei Zahnschmerzen.

Die Geschichte ist voller solcher Absurditäten. Einem modern erzogenen Geist erscheinen sie komplett lächerlich. Aber unsere Vorfahren lebten nicht in einer von Satelliten vermessenen Welt. Trotz der Bemühungen vieler, eine weltumspannende Zivilisation auf die Beine zu stellen, waren Antike und Mittelalter Zeiten des allgegenwärtigen Geheimnisses und der Ungewissheit. Kyros II., Alexander, Trajan, Dschingis Khan verschoben die Grenzen ihrer Reiche weiter und weiter, aber bis zum Zeitalter der Entdeckungen gelang es keiner einzigen Zivilisation, den gesamten Planeten zu erforschen und die großen Mengen an Wissen zu sammeln, die wir auf

einem Teller serviert und mit einem silbernen Löffel gefüttert bekommen.

In den präkolumbischen Tagen müssen die Menschen den Horizont der Erde mit dem gleichen Gefühl des Staunens angestarrt haben, mit dem wir in die Weiten des interstellaren Raums blicken.

Mehr als ein Jahr benötigten die Top-Wissenschaftler der NASA, um festzustellen, ob Voyager 1, das erste vom Menschen gebaute Objekt, das das Sonnensystem für immer verlassen sollte, sich wirklich jenseits der Heliopause bewegte, jener Grenze, hinter der die Sonne keinen Einfluss mehr hat und der interstellare Raum beginnt.

Heute wissen wir, dass die Probe bestanden und die schwer fassbare Grenze am 25. August 2012 überschritten wurde. Ja, und wir alle haben die Gelegenheit verpasst, die Champagnerkorken knallen zu lassen. Vielleicht wird die Menschheit in ein paar Jahrhunderten, wenn sie so lange überleben sollte, nicht mehr den »Columbus Day«, sondern den »Voyager Day« feiern.

Es kann kaum ein Zweifel daran bestehen, dass die meisten unserer Annahmen über das Universum entweder irgendwann korrigiert werden müssen oder widerlegt werden. Unsere Kinder werden sich über die widerlegten Vorstellungen wahrscheinlich köstlich amüsieren. Egal, wie schlau die modernen Physiker erscheinen möchten, wir spielen immer noch mit Begriffen wie String-Theorie, dunkle Materie, parallele Universen und Supersymmetrie. Wir bauen auch superteure Labore wie das CERN, nur um Elektronen zu zerschmettern und nach geheimnisvollen Teilchen unter den Trümmern zu suchen.

Die wahre Bedeutung des großen Zeitalters der Entdeckungen, das in der ersten Reise des Kolumbus gipfelte, besteht darin, die Globalisierung in Gang gesetzt und die mythischen Grenzen unserer Welt endgültig in den Weltraum verschoben zu haben.

Wer sich mit seinem Vermächtnis beschäftigt, mag über die Ziele und Methoden von Kolumbus verstimmt sein und die Grausamkeit kritisieren, deretwegen er inhaftiert wurde und als Gouverneur der Westindischen Inseln abtreten musste. Es war eine Zeit, die ebenso reich an Freuden wie an Schande war, an Eroberungen und Niederlagen.

Ein schmerzhaft großer Teil der amerikanischen Urbevölkerung wurde durch systematischen Völkermord ausgerottet oder durch europäische Krankheiten hinweggerafft. Die gleichen Schiffe, die den Handel auszuweiten halfen und die Wege für den zukünftigen kulturellen Austausch bahnten, brachten auch den Tod.

Die Beute der spanischen Eroberungen wurde in unverantwortlicher Weise in fanatischen Religionskriegen in Europa verschwendet. Die deutschen Staaten in Mitteleuropa verloren dadurch mehr als 30 Prozent der eigenen Bevölkerung. Dieses grausame Faktum wird von den Historikern nur selten erwähnt, wenn sie über die schädlichen Auswirkungen der Ausplünderung der »Neuen Welt« diskutieren.

Man kann darüber spekulieren, ob diese Tragödie die Herausbildung Deutschlands um ein Jahrhundert verzögert hat. Sie hat die embryonale Nation unter dem eigenen Provinzialismus verrotten lassen.

RAUMFAHRT 2013

4¼

Lichtjahre

Entfernung zum nächstgelegenen Stern

17

Lichtstunden

Von Voyager 1 zurückgelegte Strecke

Deutschlands grotesk verzögerte Monster-Geburt ist das Ergebnis dieser Entwicklung, die schließlich die europäischen Machtverhältnisse komplett zerstört und den Weg für den Ersten Weltkrieg geebnet hat. Als er ausbrach, war Spanien bereits eine politische Leiche mit null Wert für irgendeine internationale Allianz und ein Schatten seines einstigen glorreichen Imperiums.

Das Karma hat einen ganz eigenen Sinn für Humor, aber auch das kann nicht die Bedeutung dieser ersten Reise in den Bauch des Atlantiks schmälern und den rücksichtslosen Ehrgeiz jenes Seglers, der das alles initiiert hat.

Kolumbus lebte zu einer Zeit, in der (zum ersten Mal in der überlieferten Geschichte der Menschheit) eine Zivilisation sowohl die Ressourcen als auch die Technologie besaß, um alle Teile der Oberfläche unseres Planeten wahrhaft miteinander zu verbinden, egal wie abgelegen oder mystisch sie früheren Generationen schienen.

Und genauso wie die Voyager nicht das Produkt eines einzelnen Teams von amerikanischen Wissenschaftlern ist, beruhte auch die Expedition des Kolumbus auf den Bemühungen, dem gesammelten Wissen und teilweise auch auf der Ignoranz aller vorherigen Zivilisationen.

EUROPA ENDLOS

Der Evolutionspsychologe Robin Dunbar (ein Experte für Primaten-Gehirne), hat einmal festgestellt, dass kein Mensch mit mehr als 150 anderen Menschen soziale Beziehungen unterhalten könne. Diese Grenze, so argumentierte er, sei eine direkte Folge der relativen Größe des Neocortex. Mit anderen Worten: Wir haben schon physisch gar nicht die Fähigkeit, eine sinnvolle Verbindung mit einer größeren Menge von Menschen aufrechtzuerhalten. Wir haben zu wenige Schubladen in unserem Gehirn, in denen wir all den notwendigen Klatsch aufbewahren könnten.

Ich frage mich, ob diese Regel auch für politische Allianzen gilt. Gibt es eine optimale Anzahl an Mitgliedern, jenseits derer eine Organisation nicht mehr funktioniert?

Das ist eine spannende Frage, vor allem während einer Wirtschaftskrise, die alle Arten von Spaltungen auf dem europäischen Kontinent vertieft hat. Politiker sprechen heute über die Ermüdungserscheinungen angesichts der EU-Erweiterung, über ideologische Gräben und das Scheitern des Multikulturalismus. Die älteren Wähler in Europa hegen und pflegen die Erinnerungen an jene Zeit, als die Union einfach eine Gemeinschaft einiger wohlhabender Länder war, die in Frieden, Harmonie und ewiger wirtschaftlicher Glückseligkeit zusammenlebten.

Die Entscheidungsfindung in Brüssel war leicht wie eine Brise: Angela Merkel war noch mit Plakaten für die Freie Deutsche Jugend beschäftigt, David Cameron rauchte in Eton Hasch, und last but not least mussten die Teilnehmer des Eurovisions-Wettbewerbs in ihrer Muttersprache singen.

Es gab einen gemeinsamen Feind hinter dem Eisernen Vorhang, und die Bedrohung, die ständig von ihm ausging, vereinte eine Menge Leute, die sonst keine natürlichen Verbündeten waren, hinter einem gemeinsamen Ziel.

Und nun die freche Frage: Gäbe es überhaupt eine Europäische Union, wenn die Sowjets nicht nach und nach die Länder Osteuropas vereinnahmt hätten?

Nach dem Ende des Zweiten Weltkriegs dauerte es nur wenige Jahre, bis die Welt komplett anders aussah. Viele alte politische Ideen wurden wiederbelebt, angepasst an einen zweipoligen und elendig geteilten Kontinent.

Stalin, der während des Krieges die »Realpolitik« besser beherrschte, als Bismarck sich das jemals erträumt hätte, klaute eine (eigentlich anti-sowjetische) Idee von Georges Clemenceau und begann hastig mit dem Bau seines »Cordon Sanitaire« aus den kleinen Pufferstaaten, die ihn vor dem Einfluss des pluralistischen Westens schützen sollten.

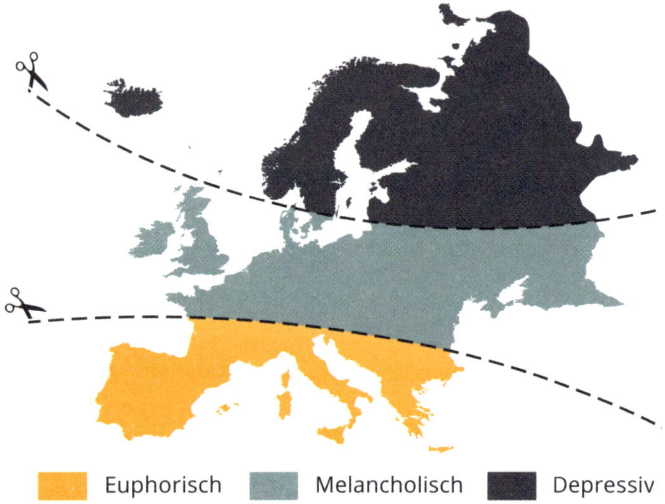
Euphorisch
Melancholisch
Depressiv

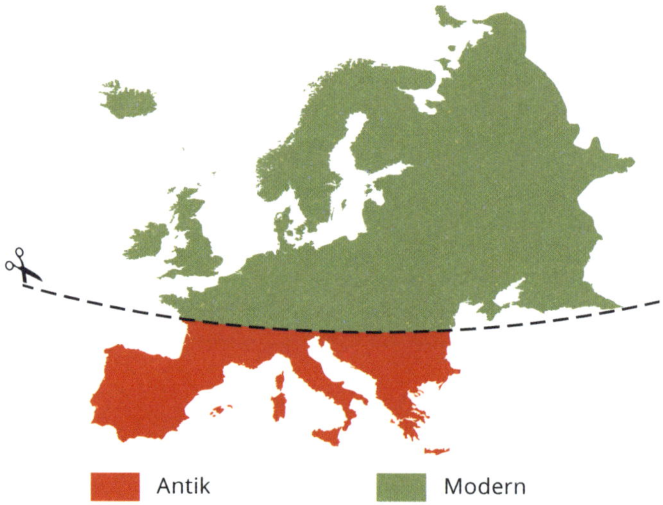
Antik
Modern

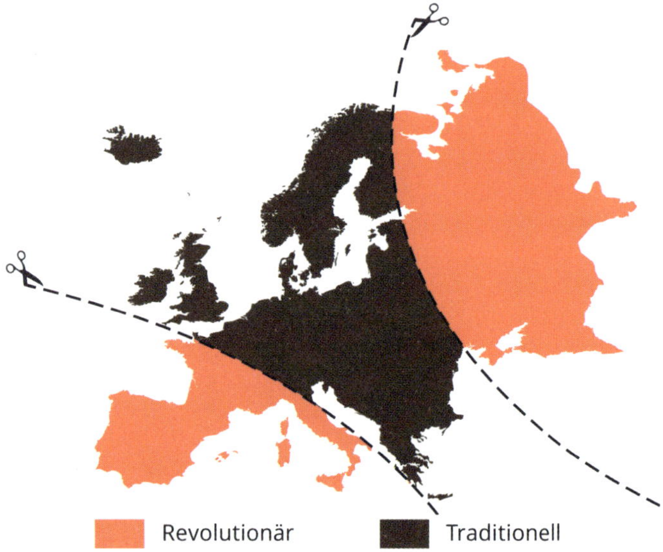
Revolutionär
Traditionell

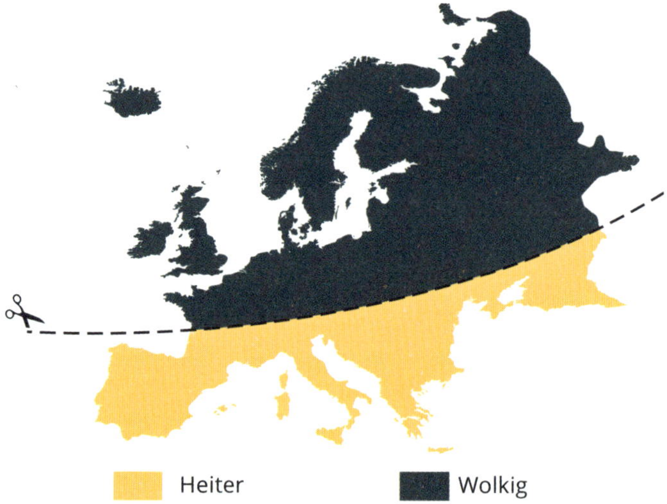
Heiter
Wolkig

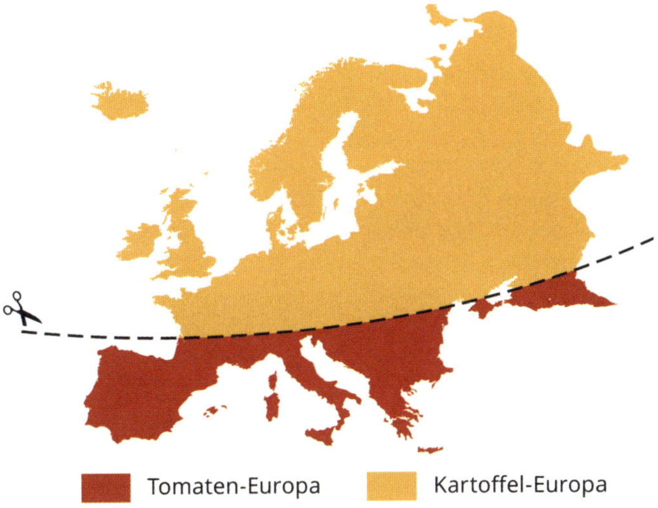
Tomaten-Europa
Kartoffel-Europa

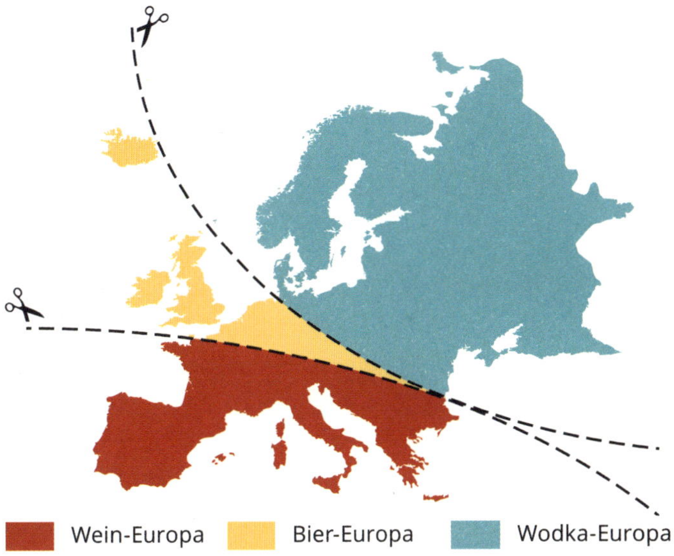
Wein-Europa
Bier-Europa
Wodka-Europa

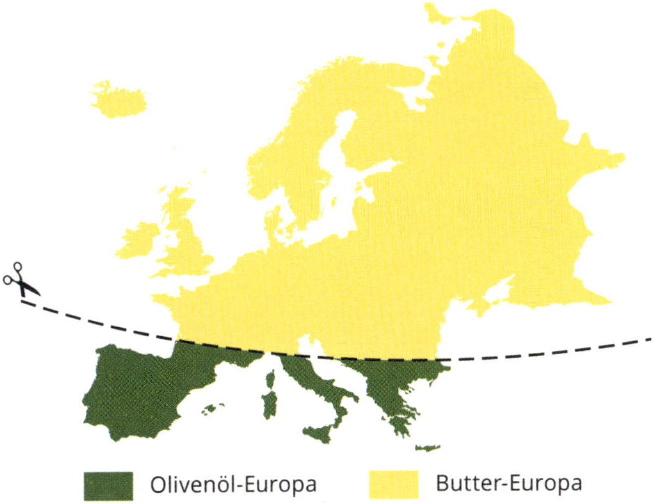
Olivenöl-Europa
Butter-Europa

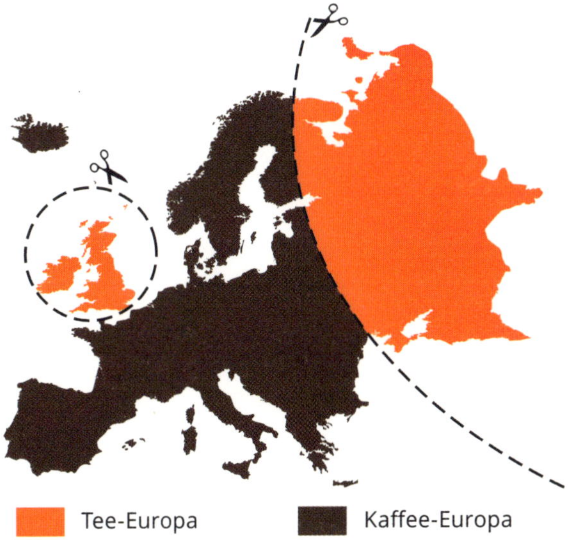
Tee-Europa
Kaffee-Europa

Er selbst machte die Algebra zu einem Mittel der Politik und versuchte, seinen kapitalistischen Verbündeten Winston Churchill davon zu überzeugen, dass sich der außenpolitische Einfluss in einem einzelnen Land nach Prozenten zwischen den Großmächten der Zeit aufteilen ließe. Gemäß seinem Plan sollte das Vereinigte Königreich 90 Prozent Einfluss in Griechenland erhalten, 25 Prozent in Bulgarien, 50 Prozent in Jugoslawien und Ungarn und zehn Prozent in Rumänien. Die Sowjetunion sollte den Rest kriegen, als wären diese Länder Zutaten eines Kochrezeptes.

Diese lächerlichen Berechnungen waren nur ein Trick, um Zeit zu gewinnen, bis die (gar nicht so) geheimen kommunistischen Agenten in den sowjetisch besetzten Gebieten ihre Macht gefestigt hatten. In Anlehnung an den historischen Prager Fenstersturz im Jahre 1618, der den 30-jährigen Krieg auslöste, wurde der tschechoslowakische Außenminister Jan Masaryk direkt unter dem Badezimmerfenster seines Büros tot aufgefunden. Stalin hatte einen Sinn für Humor, der dunkler war als ein schwarzes Loch.

Bald bekam jedes Land, in dem der Sowjet-Prozentsatz bei mindestens 50 Prozent lag, eine hundertprozentige kommunistische Regierung verpasst, die – zu niemandes Überraschung – keine Lust hatte, mit irgendjemandem die Macht zu teilen. Wodurch sich alle algebraischen Zusicherungen Churchills als bedeutungslos erwiesen.

Dadurch erhielt Europa eine seiner tiefsten politischen Narben. Teile davon waren auf dem Höhepunkt des Kalten Krieges sogar vom Weltraum aus sichtbar.

Üppiger Wald wuchs in den Randzonen verfeindeter Staaten, den wir heute als *Grünes Band Europas* bezeichnen. Viele Tiere, darunter auch bedrohte Arten, fanden Zuflucht in diesen Oasen. Hätte der Kalte Krieg noch länger angedauert, hätte Europa seinen legendären Urwald zurückgewonnen, zumindest in den schwer bewachten Grenzgebieten zwischen den beiden gegnerischen Lagern.

Einst war es praktisch unmöglich, den Kontinent zu durchqueren, und es gab große Pufferzonen, die man »Marken« nannte. Geografie, Natur und Politik flirteten miteinander und forderten einander jedes Mal Land ab, wenn zwei Nachbarstaaten generationenlang Streitereien austrugen. Zu den bemerkenswerten Beispielen zählte die »spanische Mark«, die die Franken von den Mauren auf der iberischen Halbinsel trennte. Ein weiteres ist das moderne Dänemark, das sogar seinen ursprünglichen Namen beibehalten hat: »Mark der Dänen«.

Während ein Eichhörnchen wahrscheinlich keine Probleme hatte, von Spanien nach Griechenland zu reisen, indem es einfach von Ast zu Ast sprang, war es für die Menschen viel schwieriger, sich über trockenes Land zu bewegen. Deshalb sind die meisten klassischen Zivilisationen in Europa an den Ufern von Flüssen und Meeren entstanden.

Die alten Römer waren die ersten, die dauerhafte Straßen bauten, um ihre Provinzen miteinander zu verbinden. Einige dieser Straßen existieren noch heute. Die erste echte transkontinentale Teilung Europas begann um diese Zeit.

Die Römer schafften es tatsächlich, Europa in der Mitte durchzubrechen. Es begann mit der Kluft zwischen dem Norden und dem Süden oder – wie die Römer das sahen – zwischen den wilden Barbaren und ihrer eigenen überlegenen Zivilisation. Die krassen kulturellen Unterschiede zwischen diesen beiden Welten waren für eine Reihe von Konflikten in der späteren europäischen Politik verantwortlich. Einer der bemerkenswertesten ereignete sich zwischen Hitler und seinem abergläubischen Diener Himmler, der damit beschäftigt war, prähistorische germanische Dörfer auszugraben:

»Warum stoßen wir die ganze Welt darauf, dass wir keine Vergangenheit haben? Nicht genug, dass die Römer große Bauten errichteten, als unsere Vorfahren noch in Lehmhütten hausten, fängt Himmler nun an, diese Lehmdörfer auszugraben und gerät in Begeisterung über jeden Tonscherben und jede Steinaxt, die er findet. Wir beweisen damit nur, dass wir noch mit Steinbeilen warfen und um offene Feuerstellen hockten, als sich Griechenland und Rom schon auf höchster Kulturstufe befanden. Wir hätten eigentlich allen Grund, über diese Vergangenheit stille zu sein.«

Wäre ich ein Nazi, wäre ich wohl genauso angepisst gewesen. Selbst die mächtigsten Herrscher können die Geschichte nicht so umschreiben, dass sie ihren eigenen Zwecken dient. Es stellte sich heraus, dass ein Haufen romanischer Schutt mächtiger war als eine V2-Rakete.

Zum zweiten Mal teilten die Römer Europa, als sie ihr eigenes Reich in einen West- und einen Ost-Teil aufspalteten. Was als eine rein bürokratische Entscheidung gedacht war, ging bald in eine kulturelle und religiöse Rivalität über, die bis zum heutigen Tag in verschiedenen Formen weiter fortbesteht – und das Leben viel zu vieler Menschen kostete.

Aus Gründen des Humors vereinfache ich die Geschichte natürlich. Aber ich erinnere mich an ein ernstes Gespräch mit einem italienischen Freund, der mir die Via Appia am Rande Roms zeigte. Nachdem wir ausgiebig besprochen hatten, wie dieses Wunderwerk der menschlichen Technik es geschafft hat, derart lange zu bestehen, lächelte er und sagte: »Diese Straße ist noch intakt, weil sie zu wichtig war. Sie ging direkt nach Brindisi und von dort nach Griechenland. Damals kam fast alles, was qualitativ hochwertig war, aus Griechenland, während die Menschen hier sich für Gladiatorenkämpfe und Militärtechnik interessierten. In gewisser Weise waren die Römer die Amerikaner der Antike.«

Auch er vereinfachte die Sache aus Gründen des Humors, aber sein Witz wirkte seltsam treffend, vor allem weil unser Gespräch zu der Zeit stattfand, als George W. Bush immer noch aktiv den Irak »demokratisierte« und verzweifelt versuchte, das Wort »nuklear« korrekt auszusprechen.

Auch eine wenig gebildete Person wie Bush weiß jedoch, dass die Demokratie in Griechenland ihren Anfang nahm, vermutlich mit der Hilfe von Jesus Christus, seinen Aposteln und – angeblich – 300 tapferen spartanischen metrosexuellen Männern, die ihr Leben im Kampf gegen Mahmud Ahmadinedschad opferten.

Eine unbequeme Wahrheit über die antike Demokratie ist, dass diese nicht in ganz Griechenland praktiziert wurde, egal, was Hollywood-Filme uns weismachen wollen. Die Wiege der Demokratie stand in Athen, in einem von vielen Stadtstaaten also. Außerdem hielten die Athener nur freie Männer für würdig, als »Volk« zu gelten, und also durften auch nur sie wählen und Macht ausüben.

Wie damals üblich, hielt man Frauen für zu dumm, um zu wissen, was gut für sie ist. Und innerhalb der

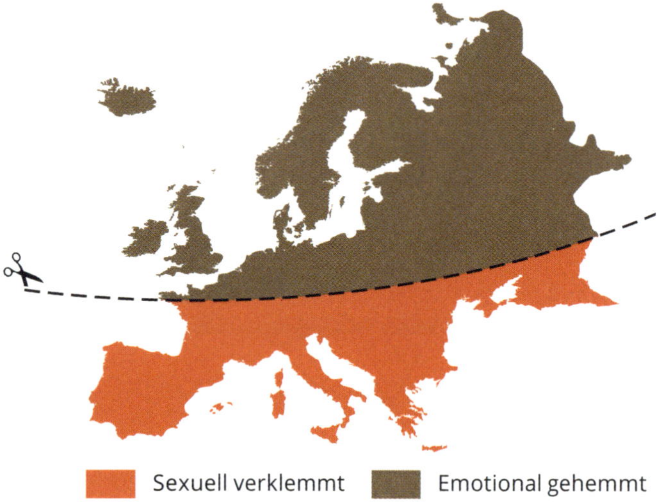
Sexuell verklemmt
Emotional gehemmt

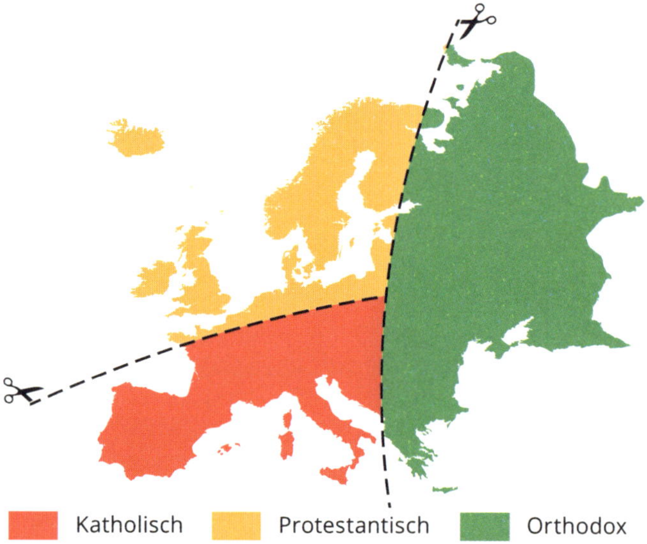
Katholisch
Protestantisch
Orthodox

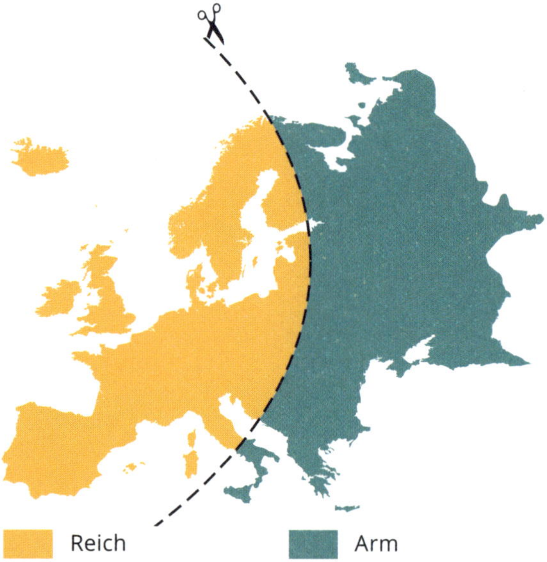
Reich
Arm

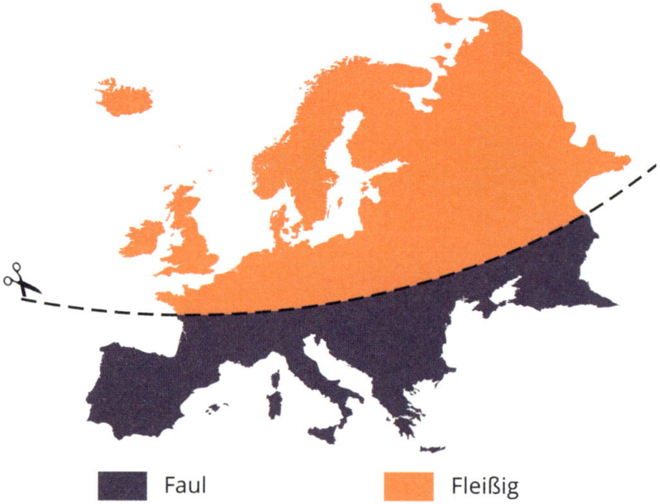
Faul
Fleißig

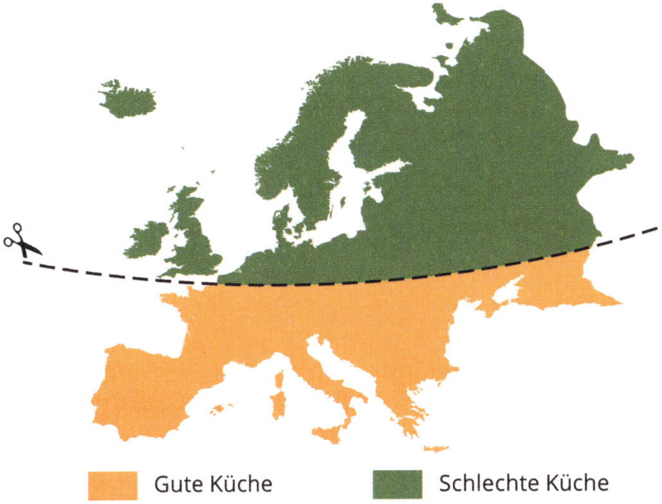
Gute Küche
Schlechte Küche

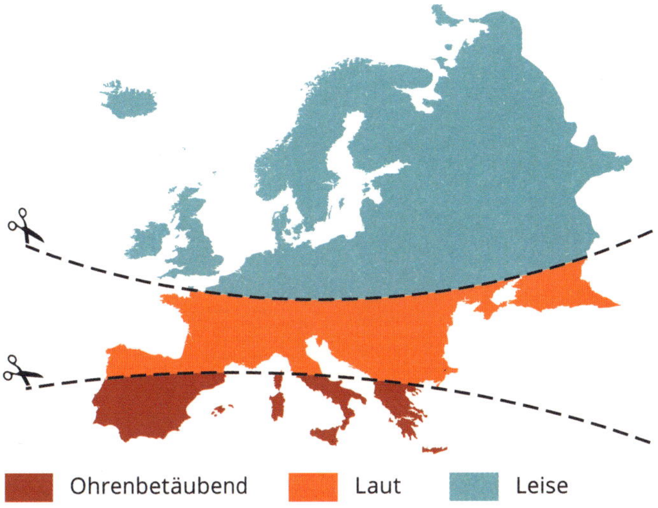
Ohrenbetäubend
Laut
Leise

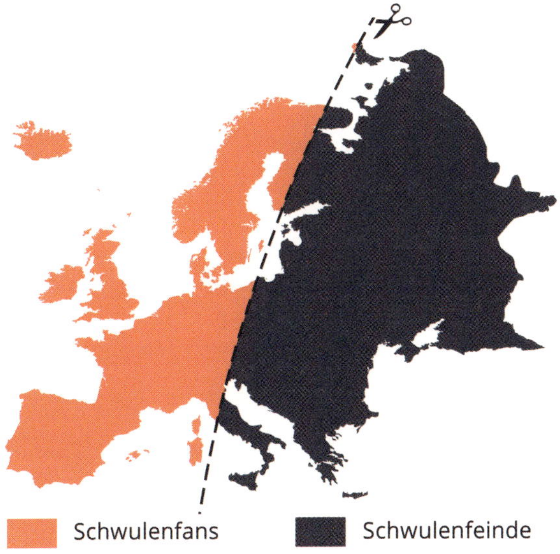
Schwulenfans
Schwulenfeinde

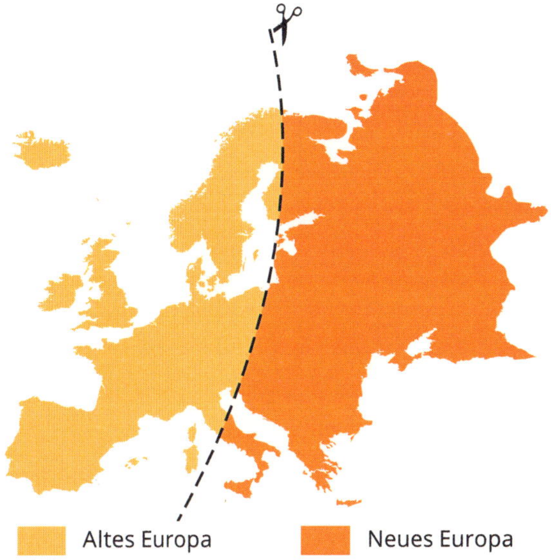
Altes Europa
Neues Europa

Frauen gab es eine weitere Unterschicht, mit noch weniger Rechten: die Sklaven. Allerdings muss man beachten, dass ein Sklave befreit und zu einem athenischen Bürger werden konnte, während keine Frau jemals davon träumen durfte, zum Mann zu werden. Aufgrund dieser Besonderheiten muss man solch eine Herrschaft als Oligarchie bezeichnen, allerdings eine mit einer relativ großen herrschenden Schicht.

Der andere wichtige griechische Stadtstaat namens Sparta kam nie auf den Gedanken, mit der Demokratie zu flirten. Sparta war eine Monarchie aus Selbstmord-Fanatikern, die zu allem Übel auch noch eine schreckliche Küche hatten. Sie hätten sicher ein Flugzeug in ein Handelszentrum in Persepolis crashen lassen, wenn das damals technologisch möglich gewesen wäre.

Zum großen Glück von Xerxes I. konnten die Spartaner keine Boeing 767 bauen und also auch nicht die alte iranische Hauptstadt bedrängen. Vielleicht lag das daran, weil sie die Angewohnheit hatten, jene Kinder von Klippen zu schmeißen, die Mathematik lieber als Sport mochten.

Persepolis wurde schließlich von einem mazedonischen Mann namens Alexander der Große zerstört, einem Schüler des Philosophen Aristoteles, der in nahezu allem irrte, aber es genau wie Kim Kardashian dennoch schaffte, irgendwie berühmt zu werden. Die Zerstörung von Persepolis durch Alexander den Großen geschah aus politischer Rache heraus.

Ein kulturelles Zentrum mit roher Gewalt zu beseitigen, das weiter fortgeschritten ist als dein Reich, ist immer bittersüß. Daher hatten griechische Historiker das Bedürfnis, die Tat zu entschuldigen und die Barbarei der angeblich zivilisierten Herrscher zu vertuschen. Nach Diodor war Alexander einfach nur betrunken, als er seinen Truppen befahl, die iranische Hauptstadt zu zerstören. Sobald er wieder nüchtern war, fühlte er große Reue. Ein weiterer Historiker, Klitarch, liefert eine noch glaubwürdigere Erklärung. Er macht eine athenische Prostituierte dafür verantwortlich, den erleuchteten Alexander gezwungen zu haben, die verabscheuungswürdige Tat zu begehen. Es ist doch gar nicht so unwahrscheinlich, dass jeder von großen Männern begangene Deppen-Fehler in der Geschichte auf den Einfluss böser Frauen mit telepathischen Fähigkeiten zurückgeführt werden kann.

Die Rivalität zwischen dem antiken Griechenland und dem alten Iran wird oft als Meilenstein der europäischen Emanzipation vom Einfluss des Orients angesehen, und obwohl dieser Kampf sicher wichtig war, sollten wir versuchen, Mythen von Fakten zu unterscheiden.

Wenn wir die politische Propaganda zu den Akten legen, verlieren einige unserer Erfolge für immer ihren Glanz, aber diesen Preis müssen wir zahlen, wenn wir uns wirklich emanzipieren wollen. Eine wirklich zivilisierte Gesellschaft kann ihre Identität nicht nur darauf gründen, einen gemeinsamen Feind zu haben. Wir können uns nicht auf ewig der »Wir-gegen-sie«-Mentalität verschreiben, denn damit wird unsere eigene Identität zur Geisel anderer. Sobald unser Feind verschwindet, zerbröselt alles, was wir aufgebaut haben.

Ein wahres Gefühl der Einheit geht über Politik weit hinaus, und ein echtes goldenes Zeitalter hat mit dem menschlichen Geist, nicht mit der Wirtschaft zu tun. Ein vereinigtes Europa wird sicher beispielsweise im Flugzeugbau besser mit dem Rest der Welt konkurrieren können, aber das kann kein grundsätzliches Argument für die Integration sein, denn wenn Flugzeuge einmal obsolet werden, wird die Gemeinschaft nutzlos.

Mit der Erinnerung an die guten alten Zeiten, als wirtschaftliche Schwächen einfacher zu managen waren, ist niemandem geholfen. Kaum etwas ist so ärgerlich wie alte Menschen, die nur in der Vergangenheit schwelgen. Da die faltigen Neuronen in ihrem Gehirn immer weniger Neues aufnehmen, werden aus ihren bruchstückhaften Erinnerungen auf einmal makellose Erzählungen, und die Ereignisse ihres Lebens ergeben eine ganz neue Geschichte.

Während westliche Konservative wie Merkel, Cameron und der spanische Ministerpräsident Rajoy einen Sparwettbewerb austragen, wenden sich die östlichen, etwa Victor Orbán, dem Nationalismus zu und experimentieren mit wirtschaftlichem Protektionismus.

Die Verwirrung auf der linken Seite des politischen Spektrums führt zu ähnlichen Spaltungen. Westliche Sozialisten nutzen die millionste Neuauflage von Marx als Waffe, während ihre östlichen Brüder sich mit der Erinnerung an die kommunistische Vergangenheit trösten und behaupten, dass alles gar nicht so schlimm war.

Links, rechts, oben und unten – überall herrscht ein Gefühl des Verlustes und der verpassten Chancen. Die Mehrheit der Politiker denkt, dass das goldene Zeitalter Europas bereits hinter uns liegt und von den bösen Geistern der Veränderung entführt wurde. Wenn sie die Uhr doch nur ein wenig zurückdrehen und anhalten könnten, auf dass die Zeit für immer und ewig zum Stehen komme, wie Gott und Stalin das wollten!

Natürlich überschätzt jede Generation die Bedeutung ihrer Zeit und hält ihre Werte für universal. Unsere Kurzsichtigkeit wird dadurch noch verstärkt, dass wir uns so selten die Zeit nehmen, unsere Ideale zu überprüfen. Wenn wir das tun würden, könnte eine schlichte Wirtschaftskrise Europa nicht in Stücke reißen. Wir hätten nicht mit ansehen müssen, wie das griechische Volk Angela Merkel als faschistisch beschimpft oder das deutsche Volk alle Menschen südlich der Alpen als faul. Niemand wird über Nacht faschistisch oder faul. Wenn beide Vorwürfe zutreffen, ist das Goldene Europäische Zeitalter eine Fata Morgana gewesen.

Die Vorteile einer politischen Union, die der Sicherung von Frieden und Wohlstand dient, sind immer schwerer zu erkennen als die eines Militärbündnisses. Ein politischer Führer, der einen Krieg verhindert hat, bleibt seltener in Erinnerung als der, der einen gewonnen hat. Vielleicht aus folgendem Grund: Wenn einmal ein Krieg ausgeblieben ist, wird es schwieriger zu beweisen, dass er tatsächlich kurz bevorstand, während die Ruinen einer Katastrophe eine unmittelbare emotionale Wirkung hervorrufen und keine Theoriebildung erfordern.

Das zeitgenössische Europa mit all seinen Fehlern und Fehlgeburten ist ein wunderbarer Ort. Zum ersten Mal in seiner Geschichte wurden Grenzen geöffnet, ohne dass die Souveränität der Länder darunter gelitten hätte. Das ist schon viel, aber wer weitergehen will, darf nicht nur der Bürokratie vertrauen.

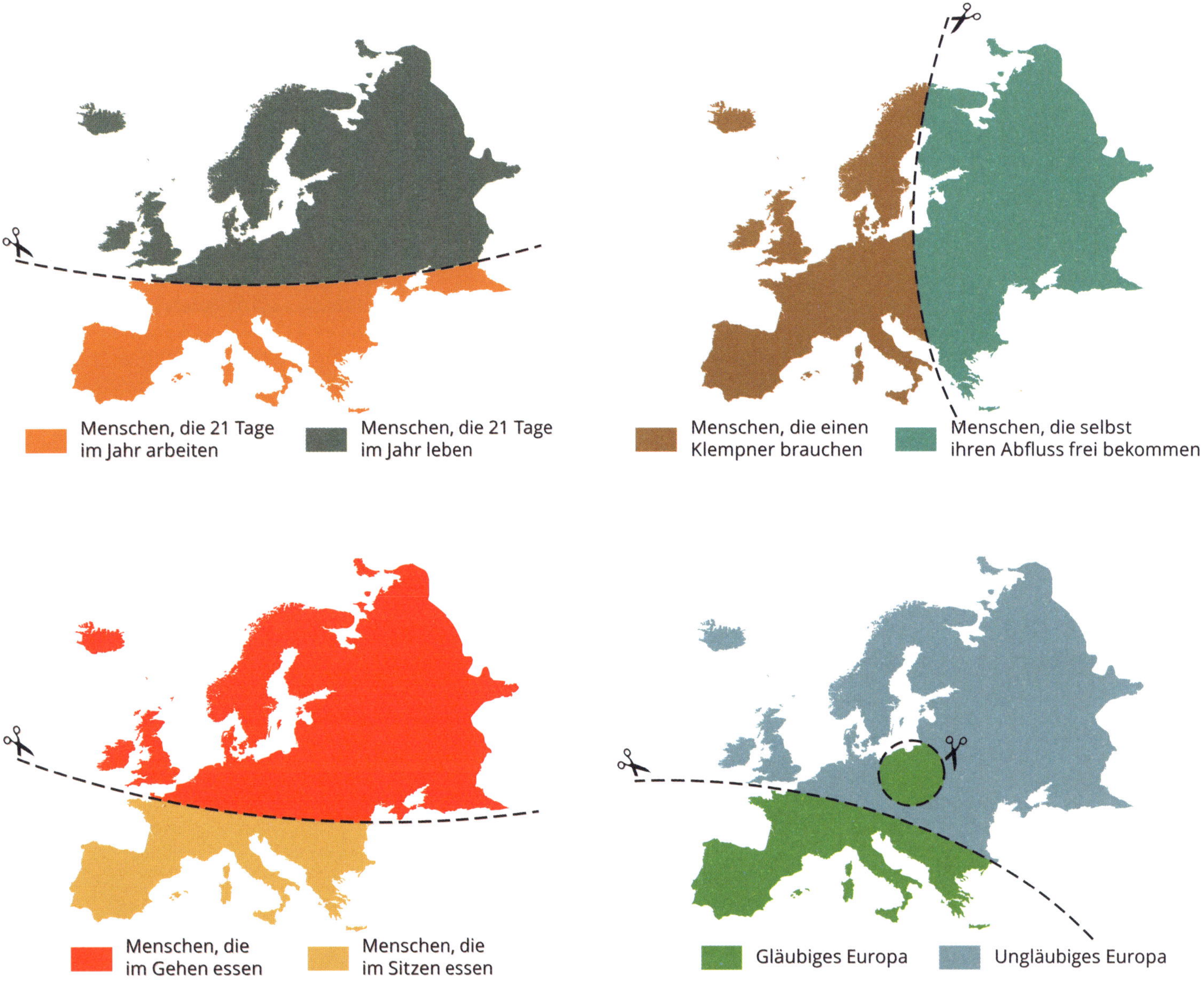
Menschen, die 21 Tage im Jahr arbeiten
Menschen, die 21 Tage im Jahr leben
Menschen, die einen Klempner brauchen
Menschen, die selbst ihren Abfluss frei bekommen
Menschen, die im Gehen essen
Menschen, die im Sitzen essen
Gläubiges Europa
Ungläubiges Europa

Er muss die sogenannte Integration in die eigenen Hände nehmen und sie zum persönlichen Anliegen machen. Nach der Öffnung der Grenzen können wir jeden entfernten Flecken des Kontinents erreichen. Wir können reisen, essen, trinken, lieben, küssen, ficken, leben und lernen, wo immer wir wollen, und dabei die größten Vorteile genießen, die wir einander zu bieten haben. Selbst diejenigen unter uns, die den gröbsten Klischees entsprechen, haben eine Überlebenschance. Ein desorganisierter fauler Südländer kann lernen, effizienter zu arbeiten, und der pedantische verklemmte Nordländer kann lernen, das Leben ein bisschen mehr zu genießen.

Im Europa des 21. Jahrhunderts ist alles möglich. Lassen Sie sich von niemandem etwas anderes einreden.

EUROPA AUS DER SICHT DER NIEDERLANDE 2013

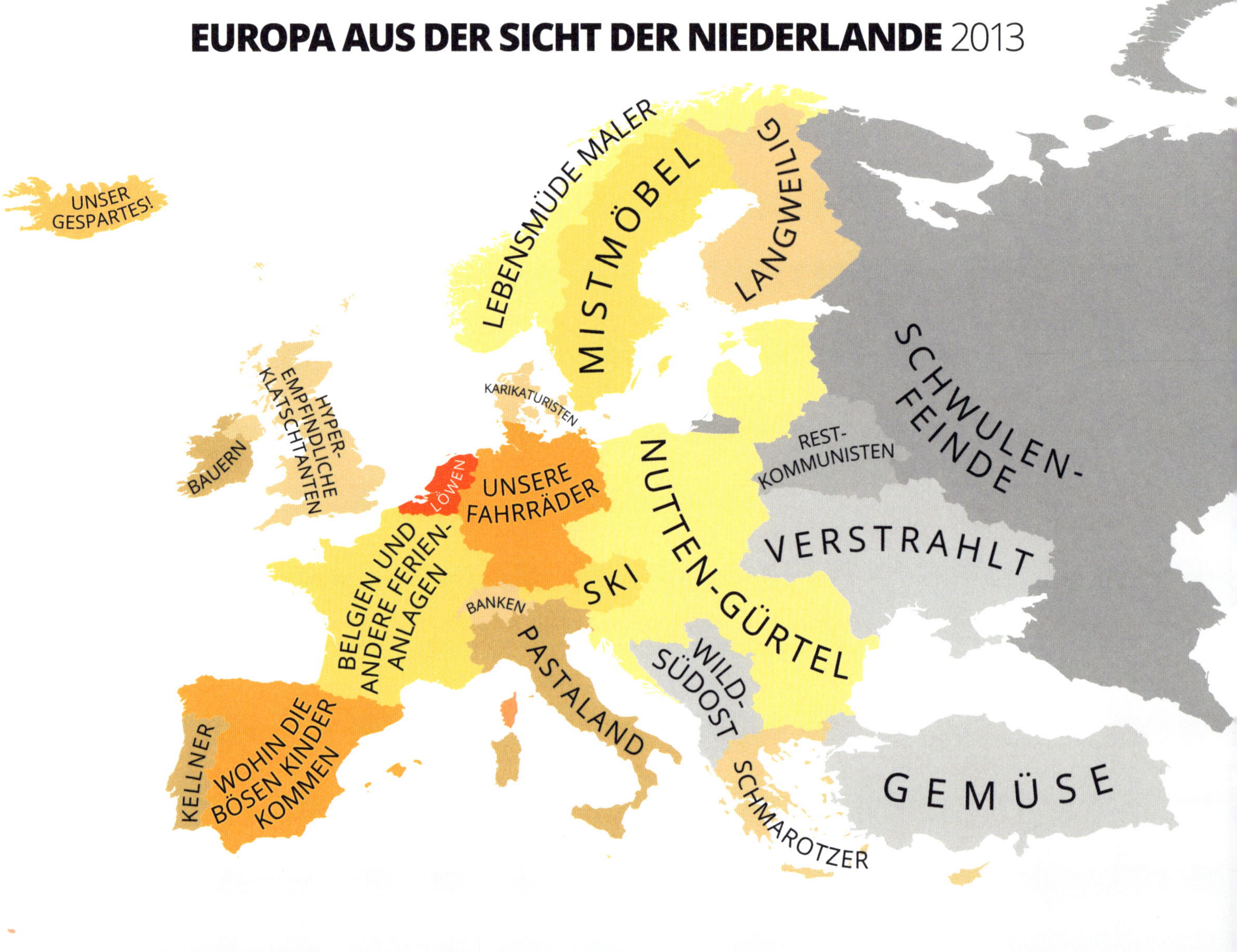

EUROPA AUS DER SICHT VON SCHWEDEN 2013

EUROPA AUS DER SICHT VON LUXEMBURG 2013

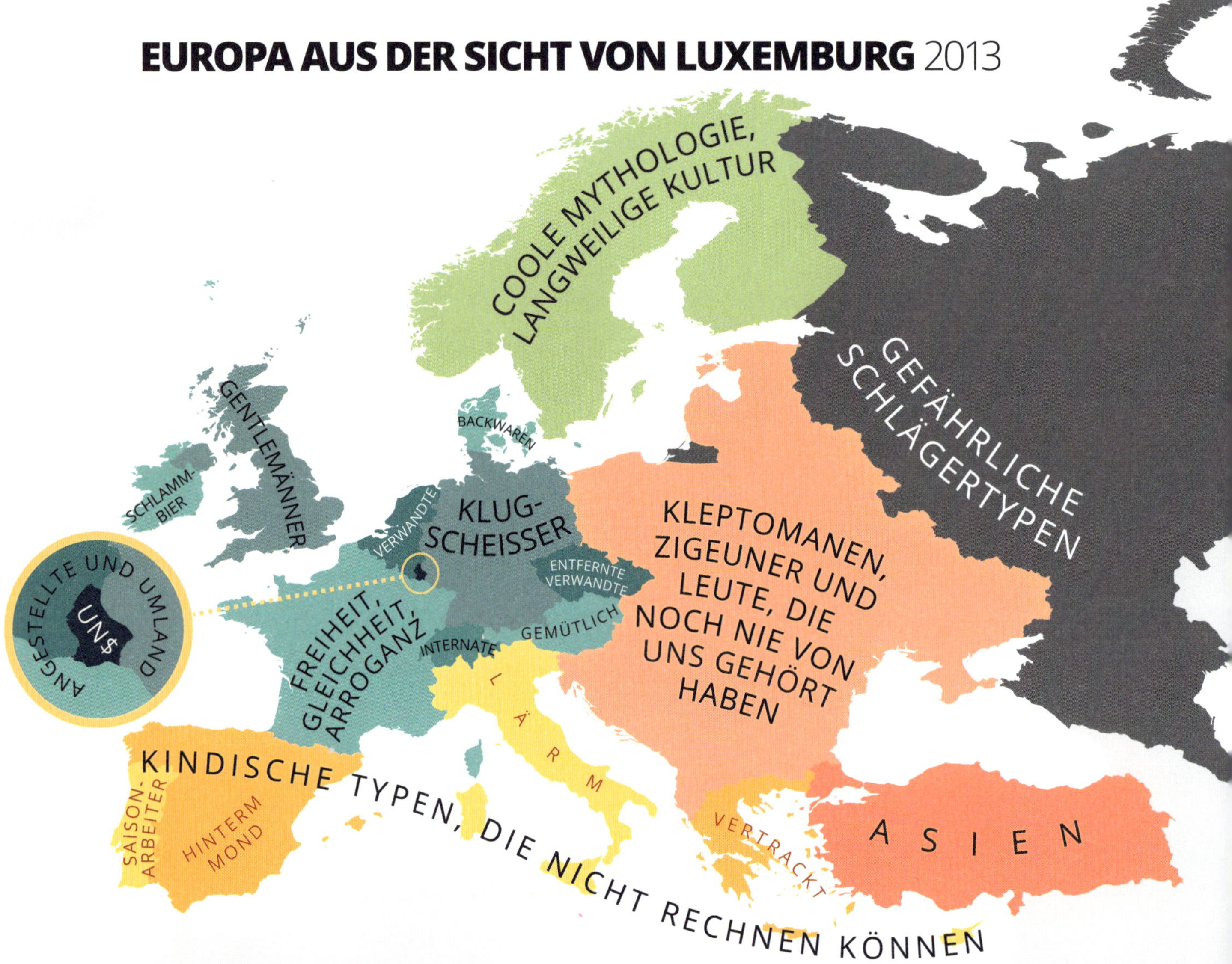

EUROPA AUS DER SICHT VON RUMÄNIEN 2013

EUROPA AUS DER SICHT VON NORWEGEN 2013

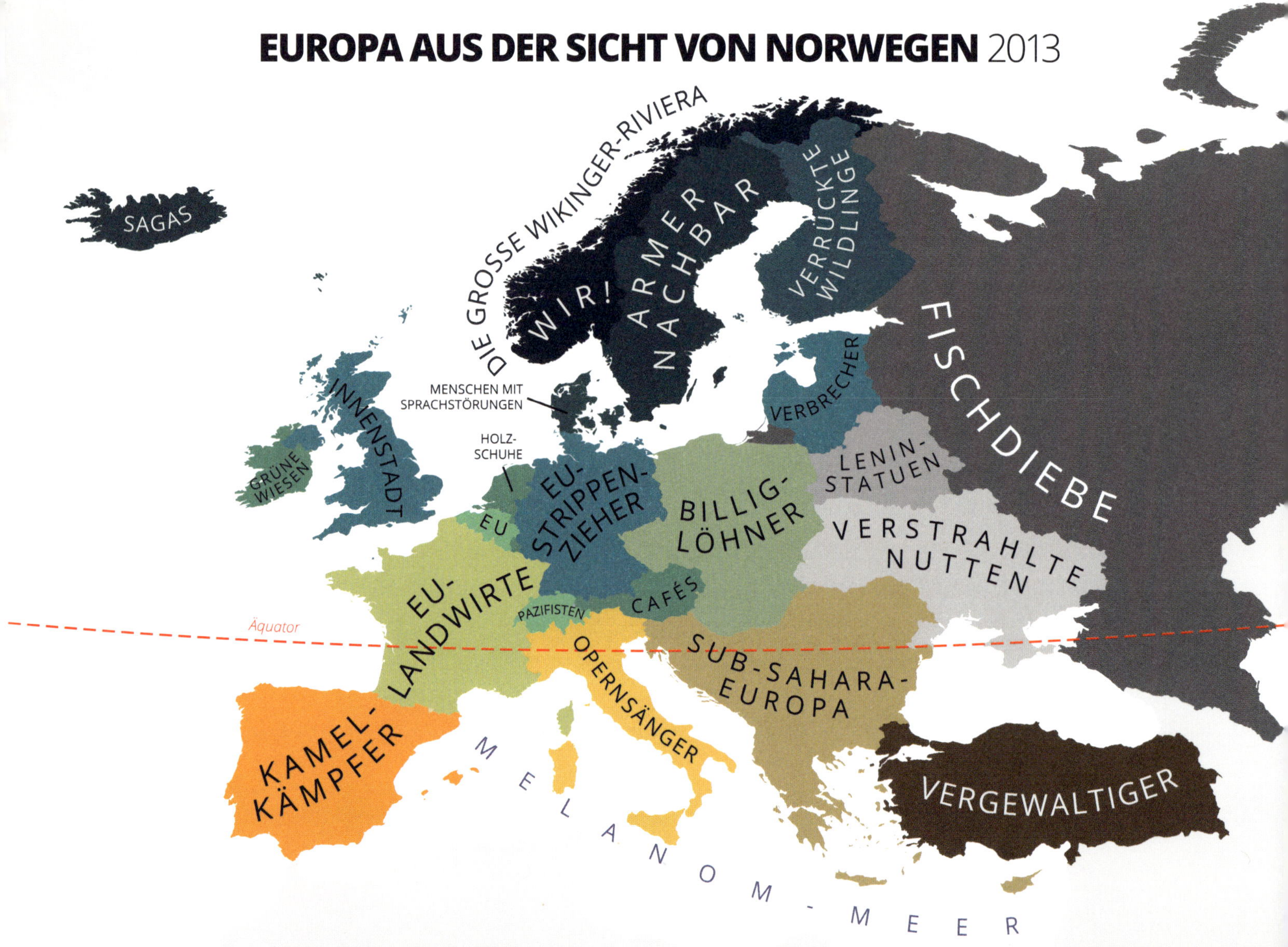

EUROPA AUS DER SICHT VON SERBIEN 2013

EUROPA AUS DER SICHT VON UNGARN 2013

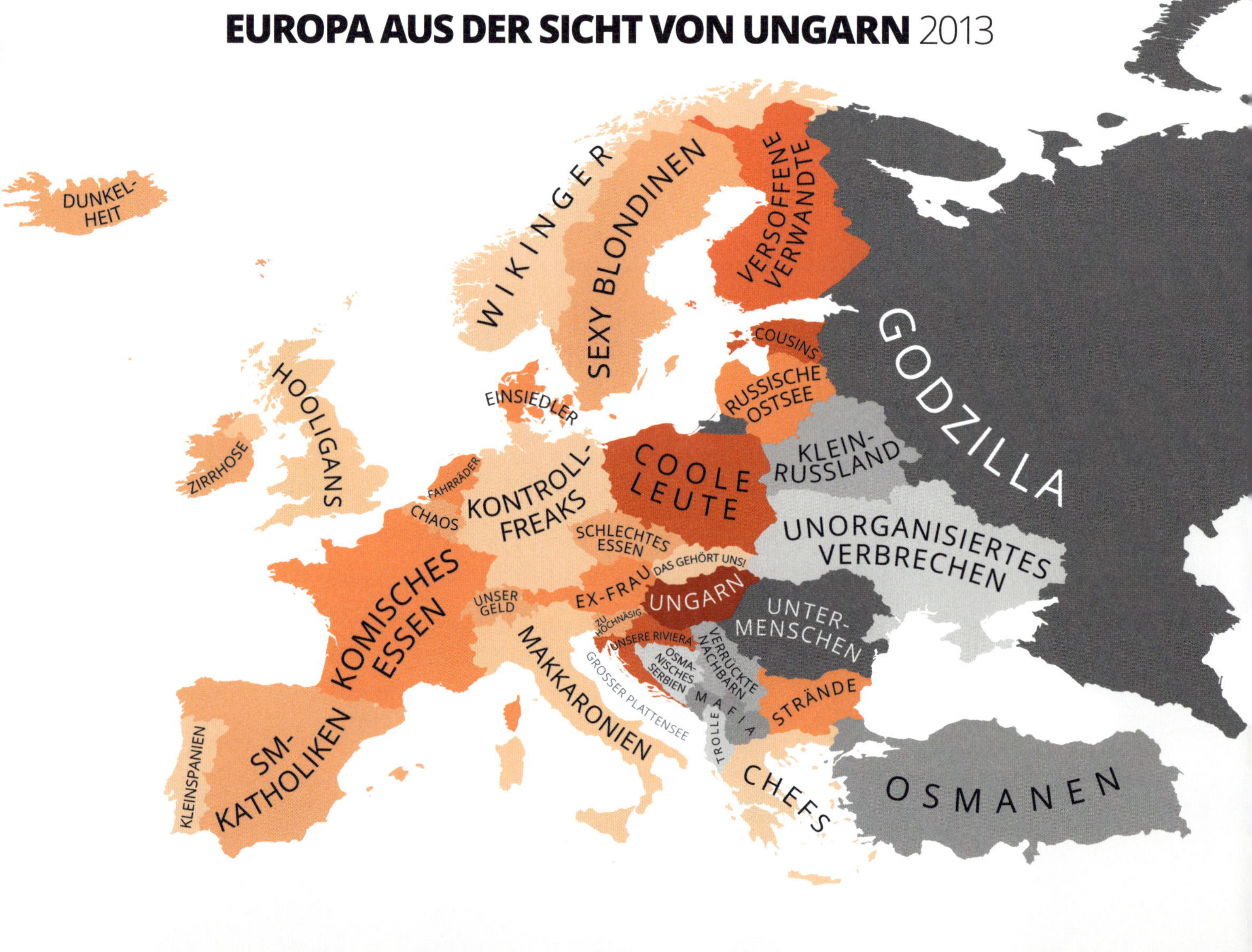

EUROPA AUS DER SICHT DER BRITISCHEN TORIES 2013

ENDLICH NICHT MEHR PUBERTIEREN

»Der menschliche Geist beschäftigt sich am liebsten mit Geschichten, nicht mit Logik«, schreibt Jonathan Haidt in seinem Buch *The Mind: Why Good People are Divided by Politics and Religion* (2013). Davon weiß jeder fähige Politiker ein Lied zu singen.

Rohe Daten sind der Heilige Gral der Wissenschaft, aber unser Gehirn kann sie so nur schwer genießen. Wie Rohkost erfordern solche Daten eine Menge Kauarbeit, bevor der Körper ihre Nährstoffe aufnehmen kann.

Wir haben Informationen immer durch Geschichten gespeichert und übermittelt. Einer der berühmtesten Texte aller Zeiten, die *Odyssee*, wurde nicht auf einer Schreibmaschine geschrieben. Er war ein Meisterwerk der mündlichen Überlieferung und für den öffentlichen Vortrag gedacht, nicht für die stille Lektüre.

Da wir heute durch die Fülle aufgeschriebener Geschichten verwöhnt sind, können wir uns nur noch schwer vorstellen, dass jemand ein solch gigantisches Gedicht in all seiner Hexameter-Pracht auswendig lernen konnte. Doch die Fähigkeit, Muster zu erkennen und über einen vertrauten Kontext Informationen in sie einzubetten, ist eine natürliche Fähigkeit, ohne die die menschliche Intelligenz nicht existieren würde, zumindest nicht so, wie wir sie heute kennen.

Dieses grundlegende Vertrauen auf das Geschichten-Erzählen, das alle Zivilisationen, ob modern oder archaisch, teilen, hat seinen Preis. Sehr oft vereinnahmt das Medium, das die Informationen überträgt, die Ideen und verwandelt sich so in einen Parasiten. Dann ist eine Geschichte keine Quelle der Offenbarung mehr, sondern sie wird zu einem Dogma. Sie versteinert, ausgehöhlt von der wörtlichen Auslegung ihrer lahmen Metaphern, die wie eigenartige Überbleibsel das Verständnis eher erschweren, als es zu erleichtern.

Wenn solche Parasiten sich auf lebendige Mythen und Legenden stürzen, kristallisiert sich immer irgendeine Form institutionalisierter Religion heraus.

Die Übertragung der Ideen in einen religiösen Kontext erfordert immer die Führung und die Zustimmung einer bestimmten Autorität, einer Priesterschaft, deren Rolle darin besteht, die mumifizierte Poesie davor zu schützen, aus Versehen – durch irgendeine Form der Ketzerei – wiederbelebt zu werden und außer Kontrolle zu geraten.

Jeder Mythos, der in die Hände eines Bürokraten fällt, verwandelt sich in ein Werkzeug der Massen-

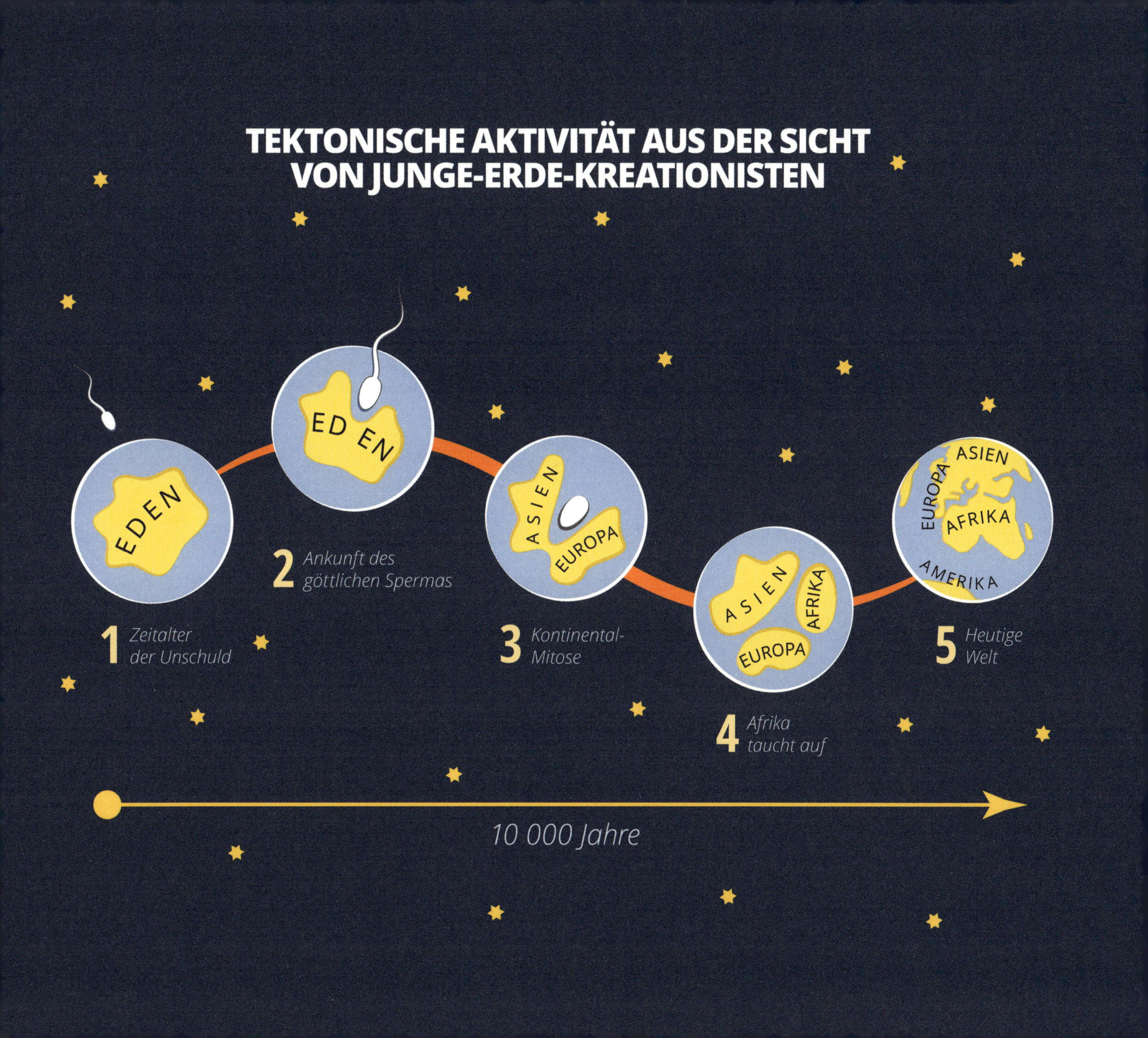
TEKTONISCHE AKTIVITÄT AUS DER SICHT VON JUNGE-ERDE-KREATIONISTEN
EDEN
ED EN
ASIEN
EUROPA
ASIEN
AFRIKA
EUROPA
ASIEN
EUROPA
AFRIKA
AMERIKA
1 Zeitalter der Unschuld
2 Ankunft des göttlichen Spermas
3 Kontinental-Mitose
4 Afrika taucht auf
5 Heutige Welt
10 000 Jahre

manipulation. Die meisten organisierten Religionen wollen den menschlichen Geist ewig klein halten. Sie bemühen sich, die Neugier lahmzulegen, den Forschergeist im Keim zu ersticken und persönliche Meinungsbildung zu unterbinden. Sie erziehen zu infantilem Gehorsam, und zwar durch ein System des Belohnens und Bestrafens sowie – im Falle des Christentums – durch jede Menge Schuldgefühle. Was zu einer Vielzahl von psychischen Störungen führen kann, die die Wissenschaft noch zu klassifizieren hätte.

Menschen, die systematisch von der organisierten Religion und ihren politischen Ablegern einer Gehirnwäsche unterzogen worden sind, haben oft die Tendenz, Mythen auf rohe, unreflektierte Weise aufzufassen. Sie sind ausgerechnet für das, was sie angeblich am meisten schätzen, nämlich den spirituellen Aspekt einer Geschichte, völlig unempfänglich. Ihr Verstand ist nämlich der Fähigkeit zum bildhaften Sprechen beraubt worden, dem wesentlichen Baustein einer beeindruckenden Geschichte.

Deshalb gibt es in der westlichen Kunst so viele Engelsfresken, wo Engel doch wohl die lächerlichsten Kreaturen sind, die der Mensch sich jemals ausgedacht hat. Das passiert, wenn man die Menschen davon überzeugt, dass der Himmel ein wirklicher Ort in den Wolken ist, an den sie in perfekter körperlicher Verfassung gelangen werden. Weil es noch keine Flugzeuge gab, als das Christentum sich in Europa und im Nahen Osten ausbreitete, war es ganz logisch, dem keineswegs aerodynamischen Menschenkörper ein paar Flügel zu verpassen. Alle Sünder zu Tor 1, bitte!

Natürlich werden die christlichen Engel oft von dem Markenzeichen muslimischen Erfindungsreichtums überschattet – der himmlischen Jungfrau. Sie kommt deswegen erst an zweiter Stelle, weil sie nicht aus dem Mainstream-Islam stammt, sondern lediglich in einigen fundamentalistischen Sekten beheimatet ist. Sie haben viel weniger Anhänger, wahrscheinlich wegen ihrer Angewohnheit, sich mit Geschenkkörben in die Luft zu sprengen und hin und wieder Flugzeuge zu entführen.

Die Anzahl an Jungfrauen, die jedem Selbstmordattentäter versprochen werden, ist immer begrenzt. Verblüffend, oder? Wenn man vorhat, eine Ewigkeit im Himmel zu verbringen, stellt dann ein zusätzlicher Bonus von 100 Jungfrauen einen Anreiz dar, sein Leben zu opfern? Das wären 100 Nächte toller Sex, zumindest nach fundamentalistischen Standards. Und was dann?

Und da könnte das Christentum ganz nützlich werden, wenn die muslimischen Fundamentalisten ihre Doktrin nur ein wenig ändern würden. Das Christentum hat etwas, wovon jeder Selbstmordattentäter nur träumt: das Know-how zur ultimativen Jungfernhäutchen-Wiederherstellung.

Wir reden hier nicht vom postkoitalen 08/15-Verschleiß. Der christliche Gott kann ein Jungfernhäutchen reparieren, das ein Baby durchgelassen hat. Nun, dieser Überschwang der Fantasie ist es wert, jedes Jahr als historische Tatsache gefeiert zu werden!

Selbst in säkularen Gesellschaften, die ausschließlich auf den Werten der Vernunft basieren, werden die Prediger des Unsinns in der Annahme gehätschelt, dass die Dummheit heilig ist, wenn sie in

Form einer etablierten Religion daherkommt. Wir bemühen uns um politische Korrektheit, damit wir ihren zerbrechlichen Glauben nicht verletzen und ihre Kinder nicht in die Irre führen, auf dass sie keinesfalls den Gefahren des Harry-Potter-Kultes und dem gefährlichsten aller Dämonen, dem Pokemon, ausgeliefert werden. Der ist für einige christliche Fundamentalisten dafür verantwortlich, dass Kinder in einer »Lügenwelt leben, sodass sie nicht mehr zwischen Fantasie und Realität unterscheiden können«.

Alle religiösen Freaks zeichnen sich nach der Gehirnwäsche durch ihre übermenschliche Fähigkeit aus, jede Art von Fiktion wörtlich zu nehmen. Zur gleichen Zeit lehnen sie es aber selektiv ab, an Unsinn zu glauben, der nicht aus ihren eigenen Schriften stammt.

Es ist keine Überraschung, dass diese erstaunliche menschliche Anfälligkeit für den Wahn zu politischen Zwecken verwendet wurde, und zwar sowohl von der Kirche als auch von der herrschenden Klasse. Eines der schönsten Beispiele für reine Panikmache stammt aus dem Jahr 1566, als einer 15-jährigen Französin in Laon vor einem Massenpublikum der Teufel ausgetrieben wurde.

Nicole Aubrey war von verschiedenen Dämonen besessen, die in sie ein- und ausfuhren, als ob sie ein Highway-Motel wäre. Die meisten von ihnen wurden von einer Armee erfahrener katholischer Priester verjagt, aber es war einer dabei, der besonders hartnäckig war und sich weigerte wegzugehen, es sei denn, es würde sich der Bischof von Laon selbst der Sache annehmen.

Nach den Gesetzen des heiligen katholischen Zufalls war dieser Dämon der einzige, der einen Namen trug. Zur großen Überraschung aller stellte er sich als »Beelzebub, Fürst der Hugenotten« vor. Vielleicht ist hier der Ort, um zu erklären, dass diese ganze Reality-Show während der ganz treffend so bezeichneten Französischen Religionskriege stattfand. Zufälligerweise spalteten sich Katholiken und Protestanten in zwei feindliche Lager, die sich gegenseitig mehr hassten, als sie Jesus Christus liebten.

Nicole »Beelzebub« Audrey nahm ihren Part so ernst wie jeder DSDS-Kandidat. Sie hielt eine erschütternde Rede, in der sie die bösen Pläne der ketzerischen Hugenotten enthüllte. Diese hatten nämlich mehr Böses mit Jesus Christus vor als – Sie wissen schon – die Juden!

Das Wort Jude funktioniert wie ein Zauber in der christlichen Welt. Ich frage mich, ob es eine andere Religion gibt, die der Kontrolle durch die eigenen Erfinder entkam, nur um für mehr als zwei Jahrtausende deswegen karmische Albträume zu haben.

Der Antisemitismus hat tiefe Wurzeln in der christlichen Psyche, und obwohl die katholische Kirche in den letzten Jahrhunderten vieles getan hat, um diesen Dämon auszutreiben, war seine Bösartigkeit so ansteckend, dass er den spirituellen Lehren entkam und als politische Philosophie reüssierte, die ihren Höhepunkt in dem monumentalen Kauderwelsch von Adolf Hitler und seinen Jüngern erreichte. Und all das nur, weil sich ein paar Juden zu Beginn der Neuzeit weigerten, einem Mann zu glauben, der behauptete, er könne Wunder vollbringen. Was für dumme Leute!

EURABIEN AUS DER SICHT VON ANDERS BREIVIK 2024

Für eine historische Ironie solchen Ausmaßes zahlt man immer einen grotesken Preis, und obwohl der Holocaust heute wie eine ferne Erinnerung erscheinen mag, die sich nicht noch einmal ereignen kann, sind schreckliche politische Handlungen, die durch verschiedene verrottende Religionen befeuert werden, leider immer noch Teil unseres täglichen Lebens.

Am 22. Juli 2011 nahm sich ein erwachsener Mann, dessen Name an eine Figur aus einem Buch von Astrid Lindgren erinnert, ein halbautomatisches »Ruger Mini-14«-Gewehr, eine »Glock-34«-Pistole, stürmte eine Sommercamp-Party und tötete kaltblütig 69 wehrlose Kinder auf einer malerischen Insel, die zu der ruhigen, wohlhabenden, westlichen Demokratie namens Norwegen gehört.

Sein Name war Anders Behring Breivik, und er war kein Psychopath. Er hatte eine politische Botschaft, die seiner Meinung nach schwer zu vermitteln war. Deshalb wollte er ihr durch einen Terroranschlag Nachdruck verleihen.

Untersuchungen nach seiner Verhaftung kamen zu dem Ergebnis, dass er an einer Narzisstischen Persönlichkeitsstörung litt, einem Zustand also, den der Psychoanalytiker Heinz Kohut mit diesem fantasievollen Namen versehen hat. In der Alltagssprache wird er in der Regel als Größenwahn bezeichnet, obwohl der Philosoph Bertrand Russell auf einen wichtigen Unterschied hinweist: »Der Größenwahnsinnige unterscheidet sich vom Narzissten dadurch, dass er nicht verführen, sondern herrschen, nicht geliebt, sondern gefürchtet werden will. Zu diesem Typus gehören viele Verrückte und die meisten Großen der Weltgeschichte.«

Wenn man die Feinheiten einmal beiseitelässt, braucht man keineswegs studiert zu haben, um zu verstehen, worum es hier geht. Es geht um etwas, was alle Eltern der Welt kennen – die kindliche Gewissheit, große Ansprüche stellen zu dürfen, und die Annahme, dass sich die ganze Welt nur um einen selbst, um den eigenen Willen und die eigene Vorstellungskraft dreht.

Breivik wurde nicht als Terrorist gebrandmarkt, weil er ein weißer Christ war, und nach den meisten unserer voreingenommenen Medien und populistischen Politiker passt er nicht zum Klischee des Fundamentalisten, das so sorgfältig in unsere Köpfe implantiert worden ist.

In Wahrheit gibt es kaum Unterschiede zwischen ihm und einem al-Qaida-Mitglied, abgesehen vielleicht von der Tatsache, dass er als Westler ein bisschen zu sehr um sich selbst kreist, als dass er sein Leben opfern könnte. Deswegen hat er sich auch gerne der Polizei ergeben, wahrscheinlich in der Hoffnung, dass eines Tages ein zukünftiger reformierter Papst ihn für einen Märtyrer des Christentums erklären wird.

Lasst uns, in liebevoller Erinnerung an die unschuldigen norwegischen Kinder, sicherstellen, dass sein Traum ein Werk der Fiktion bleibt.

WILLKOMMEN IN EURABIEN

Kondensstreifen zierten den Himmel über der Bronzestatue von Nigel Farage, die einst aufgestellt wurde zum Gedenken an seine »Wir werden auf den steinigen Stränden kämpfen«-Rede vor dem britischen Unterhaus, und zwar kurz bevor ein entführter Zeppelin in das Gebäude flog und einen Taubenschwarm tötete, der dort drinnen nistete.

Die Überreste der Katastrophe wurden von Boris Johnsons Enkel, der gerade zum britischen Premierminister gewählt worden war, in ein Open-Air-Museum verfrachtet. Angesichts der schwierigen Aufgabe, die Kriegswirtschaft anzukurbeln, hatte er das Gefühl, dass Großbritannien, eine der wenigen verbliebenen christlichen Nationen in Europa, etwas moralische Unterstützung nötig hätte. Er eröffnete nicht nur das Museum mit den sorgfältig angeordneten Tauben-Skeletten, er sorgte auch für die Umwandlung der letzten verbliebenen Pleite-Friseursalons in Striptease-Clubs, in denen von der Küste der Normandie entführte muslimische Frauen gewaltsam entschleiert wurden und jubelnde britische Patrioten Händels »Halleluja« sangen.

In Paris machte sich der neue Taliban-Bürgermeister an die Demontage des Eiffelturms. Das Metall des riesigen Symbols der französischen Republik sollte eingeschmolzen und zu Schwertern für die Taliban-Soldaten verarbeitet werden, die an der geplanten Invasion Großbritanniens teilnehmen würden. Der Louvre, gerne besucht von den Mitgliedern der Taliban-Jugend, wurde zum Museum für »Entartete Kunst« und galt als der einzige Ort in der talibanesischen Welt, wo hysterisches Lachen nicht nur erlaubt war, sondern aktiv gefördert wurde. Kinder, die vor der »Mona Lisa« nicht kicherten, wurden öffentlich ausgepeitscht.

Im benachbarten Spanien schloss die unter direkter Aufsicht des marokkanischen Königs stehende »Agentur für richtige Essgewohnheiten« derweil nach zehnjähriger Laufzeit ein Desinfektionsprogramm ab. Christen, die beim Verzehr von Schweinefleisch erwischt wurden, drohte die sofortige Ausweisung. Wer Hausschweinen Unterschlupf gewährte, wurde enteignet und in Arbeitslager im Süden verbracht, wo das größte Bauprojekt des Jahrhunderts, die Gibraltar-Brücke, in vollem Gange war.

Die »Sagrada Família« in Barcelona wurde abgerissen, weil Tausende von Muslimen über Albträume klagten, nachdem sie versehentlich einen Blick auf das Gebäude geworfen hatten und nicht erkennen konnten, was es sein sollte. Eine schwangere Frau erlitt eine Fehlgeburt, nachdem sie die Kathedrale unbeabsichtigt mit Rotz befleckt hatte, als sie so stark niesen musste, dass ihre Burka wegflog und auf dem Bürgersteig landete. Nachdem sie sich erholt hatte und aus dem Krankenhaus entlassen worden war, wurde sie eifrig zu Tode gesteinigt, und zwar gemäß einer Klausel im islamischen Recht, das schwangeren Frauen das Niesen vor Gebäuden mit seltsamer Architektur verbot.

Im Osten erlebte Rom ein Revival. Die Ruinen des alten römischen Forums wurden endlich beseitigt, das ganze Areal wurde aufgeräumt und alle darin lebenden Katzen – kastriert.

Italienische Männer wurden immer weibischer, nachdem der saudische Gouverneur von Al-Apennina, so der offizielle Namen des Landes, die Fluoridmenge im Leitungswasser verdoppelt hatte. Berichte über erste italienische Machos, denen Brüste wuchsen, kamen aus der Gegend um Neapel.

Die Schweiz, einst die Wiege der direkten Demokratie in Europa, wurde von Kuwait gewaltsam annektiert, und abgesehen von einigen neu gebauten Minaretten bemerkte niemand im Land eine Veränderung.

Das große kosovarische Reich annektierte das benachbarte Österreich, nachdem dieses es wiederholt abgelehnt hatte, sich für seine Nazi-Vergangenheit zu entschuldigen und diese aufzuarbeiten. Wien wurde zum Neuen Mekka erklärt, und alle Muslime in Europa wurden verpflichtet, in Richtung des Stephansdoms zu beten, der in eine Moschee umgewandelt worden war.

Deutschland war das einzige von Muslimen eroberte Land in Europa, das sich nicht formell ergeben hatte. Die deutsche Regierung befand sich im Exil in China, weil die Kanzlerin und mehrere ihrer Minister gerade bei einem offiziellen Besuch in einer neu eröffneten Weißwurst-Fabrik am Stadtrand von Shanghai weilten, als der Blitzjihad losging.

Berlin war unter den Kriegsverbündeten Saudi-Arabien, Jemen, Dschibuti und Iran aufgeteilt worden. Nach der vollständigen Besetzung Europas bildeten sich unter den Alliierten zwei gegnerische Lager. Das Brandenburger Tor wurde abgebaut und nach Bagdad transportiert. Es wurde durch das aus dem Pergamon-Museum geholte Ischtar-Tor ersetzt. Der Status der Stadt ist nach wie vor ungeklärt.

Nur Großbritannien, Polen und Norwegen blieben auch nach dem Blitzjihad christlich. Der norwegische König bestieg bei einer offiziellen Zeremonie in Warschau den polnischen Thron und begründete die Personalunion zwischen beiden Nationen. Er versprach, die polnische Tradition zu ehren und am Verbot der Homo-Ehe, der Abtreibung und aller verweichlichter feministischer Propaganda festzuhalten.

Das für sein unbrauchbares Militär bekannte Norwegen blieb von der Besetzung verschont, weil es schwedische Flüchtlinge als Söldner angeheuert hatte. Oslo war auch weiterhin die langweiligste Hauptstadt Europas, selbst nachdem der König eine 30 Meter hohe Statue von Anders Breivik vor dem Königspalast hatte aufstellen lassen. In deren Kopf befand sich ein Drehrestaurant mit Panoramablick auf die Stadt.

DIKTATUR UND KUNST

Während der Dreharbeiten zu dem Film »Der dritte Mann« entschied sich Orson Welles, der auch die Hauptrolle spielte, das Drehbuch wie folgt zu ergänzen: »In den 30 Jahren unter den Borgias hat es nur Krieg gegeben, Terror, Mord und Blutvergießen, aber dafür gab es Michelangelo, Leonardo da Vinci und die Renaissance. In der Schweiz herrschte brüderliche Liebe, 500 Jahre Demokratie und Frieden. Und was haben wir davon? Die Kuckucksuhr!«

Ein interessanter Gedanke, aber er wird den Schweizern nicht ganz gerecht.

Zunächst einmal: Die erste bekannte Kuckucksuhr befand sich eigentlich im Besitz von August von Sachsen. Der hatte, wie so viele andere deutsche Renaissance-Fürsten, eine Vorliebe für exzentrische Kostbarkeiten.

Zu den wichtigsten Schweizer Errungenschaften zählt nach wie vor eine Reihe von Schriften, die allgegenwärtiger sind als Coca Cola. Sie wurden 1957 von dem Schweizer Typographen Max Miedinger geschaffen, der ihnen den Namen Helvetica verpasste, sie also nach der lateinischen Bezeichnung für seine Heimat benannte.

Heute ist die Helvetica absoluter Standard im modernen Grafik-Design, vor allem dank des Booms der Schweizer Typografie. Wie das meiste, was universelle Anziehungskraft hat, ist diese Typografie langweilig und neutral, sie hat kein Gesicht, keinen Ausdruck und keine Emotionen.

Genau deshalb ist sie auf unsichtbare Weise omnipräsent. Helvetica ist die Standard-Schriftart auf Ihrem iPhone. Für zahlreiche Logos beliebter Marken wird sie verwendet, darunter Lufthansa, McDonald's, GAP, Orange, Motorola, Panasonic, American Apparel, BMW, Target, J. C. Penney, Kawasaki, Zanussi ...

Auch Arial, jene Schriftfamilie, die von Sekretärinnen auf der ganzen Welt geliebt und geschätzt wird, ist ein Helvetica-Abklatsch im Microsoft-Stil.

Dieses allgegenwärtige Schriftbild und die Design-Philosophie, auf der es basiert, hat eine fanatische Fangemeinde. In ihrem Versuch, modernes Design von jedem unnötigen Detail zu reinigen, hat deren Fanatismus eine Intensität erreicht, die jeden Selbstmordattentäter erröten lassen würde.

Wenn es eine dunkle Seite der Demokratie gibt, wie Orson Welles andeutete, könnte es doch sein, dass sich ausgerechnet freiheitlich gesinnte Kulturen in ihrem besinnungslosen Streben nach Kompromissen enorm einschränken. Und im Gegensatz dazu können Gesellschaften, die von despotischen und undemokratischen Prinzipien geleitet werden, ihren Bürgerinnen und Bürgern beispiellose Freiheiten im Denken lassen.

LOST IN TRANSLATION

Um fremde Kulturen zu studieren, greifen wir häufig auf Analogien zurück. Intuition und Erfahrung sagen uns, dass es eine Reihe von universellen Ideen gibt und dass Forscher nur herausfinden müssen, wie die Ideen vor Ort umgesetzt sind. Meistens ist das wohl auch so. Als menschliche Wesen besitzen wir die gleiche Biologie und die gleiche Psyche, und wir kämpfen die gleichen existenziellen Kämpfe.

Die Sache hat aber einen Haken, der unsere Versuche, Erfahrungen ordentlich zu organisieren, jederzeit vereiteln kann.

Nehmen wir die Sprache. Überall auf der Welt gibt es ein Wort für »Mutter«. Es ist offensichtlich, dass wir alle eine Mutter haben. Aber wenn man versucht, die Idee der Mutterschaft genauer und ausführlicher zu beschreiben, werden die Dinge schon komplizierter.

»Coño« ist ein sehr beliebtes spanisches Schimpfwort. Im Alltag verwenden die Spanier es sehr gerne als Ausruf. Man kann es sogar vor Menschen fallen lassen, die man gerade erst kennengelernt hat, oder bei einem Abendessen mit Freunden. Meiner Erfahrung nach ist es so verbreitet wie das englische »damn« oder das deutsche Wort »Scheiße«. »Coño« ist aber auch ein vulgäres Synonym für die Vulva, jene mysteriöse Stelle, aus der wir alle auf die Welt kommen und vor der manche Männer Todesängste haben. Aus irgendeinem unerfindlichen Grund ist das Wort selbst maskulin. Die angemessene Übersetzung des Wortes ins Englische wäre »cunt« – aber unter keinen Umständen würde ich in einer englischen Unterhaltung dieses Wort verwenden, auch nicht unter Freunden.

Während das Englische eine relativ milde und einigermaßen akzeptable Variante besitzt, um über die Vulva zu sprechen, nämlich das Wörtchen »pussy«, mangelt es anderen Sprachen an diesem lexikalischen Luxus. Im Bulgarischen klingt jeder annähernd äquivalente Ausdruck entweder grotesk anstößig oder rein medizinisch. Wir Bulgaren beschreiben unsere Genitalien häufig inoffiziell als »diese Arbeitsplätze«. Wir neigen dabei eigentlich keineswegs dazu, besonders höflich sein zu wollen, und wir haben in den fünf Jahrhunderten osmanischer Herrschaft zum Glück auch keine viktorianische Moral ausgebildet.

Ich bin mir fast sicher, dass es in fernster Vergangenheit ein Extra-Gebot in der bulgarischen Bibel gab, das da hieß: »Du sollst den Namen der Vulva nicht ohne Grund nennen.« Das glauben wir so fest, dass wir das Wort komplett vergessen haben.

Das Problem mit den interkulturellen Analogien ist nicht auf den Bereich der Sprache beschränkt. Zu

Missverständnissen und falschen Annahmen kann es fast überall kommen.

Selbst professionelle Historiker sind nicht immun dagegen. Donald Kagan, eine der größten Kenner der Geschichte des antiken Griechenlands, kann sich einfach nicht mit dem Geschmack von Olivenöl anfreunden.

»Manche Leute gießen Öl einfach so über ihren Salat. Ich finde das widerwärtig. Wenn man das Öl aus den heruntergefallenen Oliven presst, entsteht ein ekelhafter Geruch …«, teilte er in einer seiner öffentlich zugänglichen Vorlesungen auf dem YouTube-Kanal der Yale University mit.

Professor Kagan hat einen unbestreitbaren Ruf als Historiker. Er sprach darüber, dass man Olivenöl in der Antike zu hygienischen Zwecken einsetzte, und erklärte, dass die Leute deshalb Parfüm ins Öl mischten. Ich bin mir sicher, dass er mehr über die Antike weiß als die meisten Griechen heute. Aber jemand, der sich so intensiv mit dem Thema beschäftigt und der oft in Griechenland (und wahrscheinlich überall im Mittelmeerraum) war, sollte wissen, dass »ekelhaft« nicht das Wort ist, das einem Einheimischen in Bezug auf Olivenöl in den Sinn kommt. Die Menschen benutzen Olivenöl schlicht deswegen nicht als Parfüm, weil niemand nach Lebensmitteln riechen will, wenn die Party losgeht.

Auch jene Wahrnehmungen, die wir für absolut objektiv halten, lassen sich in Frage stellen. Allein in Europa variiert das Klima von halbtrocken bis arktisch. Das schafft eine Fülle von Problemen.

In Dänemark spricht man offiziell von einer Hitzewelle, wenn an fünf aufeinanderfolgenden Tagen die Temperatur über 28 °C liegt. Ein Stück weiter Richtung Norden, im Nachbarland Schweden, sinkt dieser Grenzwert auf 25 °C. Weil es im Sommer 2013 so unerträglich heiß war, umgingen ein paar männliche Stockholmer Lokführer das Verbot ihres Arbeitgebers, kurze Hosen bei der Arbeit zu tragen, und stiegen selbstbewusst auf Röcke um, wogegen der Arbeitgeber keine Einwände hatte. Sie gingen das Risiko ein, schief angesehen zu werden, weil sie vor allem das Bedürfnis hatten, ihre haarigen Beine zu kühlen.

Genau dieses Wetter wird aber in Griechenland, Italien oder Spanien als mild und erfrischend angesehen, in jenen Ländern also, in denen Büroangestellte die glühend heißen Sommer mit eng um den Hals gebundenen Krawatten überstehen. Auf der anderen Seite ist es nicht ungewöhnlich, dass spanische Nachrichtensprecher von »sibirischer Kälte« sprechen, wenn die Außentemperatur auch nur knapp unter dem Gefrierpunkt liegt.

Ein Russe und ein Spanier können wohl von früh bis spät darüber streiten, was einen größeren Akt der Tapferkeit darstellt: Joggen am Mittag im andalusischen Sommer oder Schwimmen im Ladoga-See an Weihnachten. In Wirklichkeit würde sich keiner von ihnen in klimatischen Extremen wohlfühlen, die er nicht gewohnt ist.

Wir werden von unserer Umwelt nicht nur kulturell, sondern auch physisch geformt, und jede abrupte Änderung provoziert große Anpassungsschwierigkeiten. Sich an ein fremdes Klima zu gewöhnen ist wie das Erlernen einer neuen Sprache. Das geht nicht über Nacht, und man kann es unter keinen Umständen erzwingen.

Missverständnisse können sogar zwischen Kulturen entstehen, die einander sehr ähnlich sind. Kaum ein besseres Beispiel gibt es dafür als das Zeitgefühl, wie es südländische Kulturen entwickelt haben.

Während Einstein die allgemeine Relativitätstheorie für die teutonische Welt erst Anfang des 20. Jahrhunderts entdeckte, wussten die Menschen südlich der Pyrenäen bereits seit Ewigkeiten, dass die Zeit keine Konstante ist. Nachdem sie den amerikanischen Kontinent kolonisiert hatten, übermittelten die Spanier ihren neuen Untertanen dieses Wissen, indem sie deterministische Ideen auslöschten, die vor ihrer Ankunft bestanden haben könnten. Im anschließenden Chaos hörte die Raumzeit ganz auf, den Gesetzen der Physik zu gehorchen.

Heute haben Mexikaner drei verschiedene Definitionen von »jetzt«. Das liegt zum Teil an der magischen Fähigkeit der spanischen Sprache, Diminutive zu bilden. Das englische Wort »now« wird übersetzt als »ahora«. Aber hier enden die Gemeinsamkeiten auch schon. Das mexikanische »ahora« kann mehr als eine Stunde lang dauern (die Deutschen sprechen dann vielleicht schon von einer fernen Vergangenheit). In den meisten Fällen, in denen man einem Mexikaner die Vorstellung absoluter Unmittelbarkeit vermitteln will, muss man sich gegen die eigene Intuition stemmen und »jetzt« in immer kleinere Einheiten unterteilen. Dafür bietet sich die Verkleinerungsform an: »ahorita«.

Niemand kann genau sagen, wie viele »ahoritas« es in einem einzigen »ahora« gibt. Das führt zu einem weiteren Rätsel, das Heisenbergs Unschärferelation in der Physik gleicht, derzufolge wir nicht gleichzeitig die genaue Position und die Geschwindigkeit eines Teilchens erkennen können. Wenn man versucht, genau festzustellen, was das Jetzt in der iberoamerikanischen Welt bedeutet, verliert man die Fähigkeit, die Zeit richtig zu messen. Wenn man richtig stur ist, kann man zu »ahora mismo« Zuflucht nehmen. Einige behaupten, es handele sich hierbei um eine noch kleinere Einheit als »ahorita«, aber ich bezweifle das.

Am Ende bleibt einem nur, sich locker zu machen und sich daran zu erinnern, dass das, was wir Pünktlichkeit nennen, eine Vorstellung des industriellen Zeitalters ist, und dass sie eher für Maschinen als für die menschliche Psyche gelten kann.

Nicht allein unser Wortschatz sorgt dafür, dass zeitliche Verzerrungen zwischen den Sprachen auftreten. Die Grammatik beeinflusst durch ihre eigenen Wurmlöcher unsere Wahrnehmung und unser Verständnis der Welt.

Die grammatische Zeit ist eines der wichtigsten Merkmale der indogermanischen Sprachen. Wenn man auf Englisch über ein Ereignis oder eine Handlung spricht, wird die Information über den Zeitpunkt des Geschehens in der Regel automatisch mitgeliefert. Die Wörter, die diese Aktionen bezeichnen, also die Verben, haben verschiedene Formen, je nachdem, wann etwas passiert. »I am eating an apple« ist etwas anderes als »I ate an apple«, und es gibt keine Notwendigkeit, zusätzliche Wörter hinzuzufügen, wie »jetzt« oder »gestern«, um den genauen Zeitpunkt zu enthüllen.

Sprecher des Englischen sind oft regelrecht schockiert, wenn sie entdecken, dass es Sprachen gibt, in denen grammatische Zeitformen anders funktionieren oder einfach nicht vorhanden sind. Man muss gar nicht lange suchen, wenn man ein solches Beispiel finden will.

EINSTEINS RELATIVITÄTSTHEORIE FÜR ANFÄNGER

MADRID (SPANIEN)

LONDON (GB)

SYDNEY (AUSTRALIEN)

CIUDAD JUÀREZ (MEXIKO)

Mandarin-Chinesisch, die meistgesprochene Sprache der Welt, ist so ein Fall.

Auf der Grundlage ähnlicher Beobachtungen hat der Ökonom Keith Chen im Juni 2012 (in einem auf der TED-Konferenz gehaltenen Vortrag mit dem Titel »Beeinflusst Ihre Sprache Ihre Fähigkeit, Geld zu sparen?«) eine Hypothese gewagt, nach der unsere Muttersprache einen großen Einfluss auf unsere wirtschaftlichen Entscheidungen hat. Er behauptet, dass die Verwendung des Englischen »bei jeder Bezugnahme auf die Zukunft grammatisch zu einer Spaltung zwingt und dazu, sie so zu behandeln, als wäre sie etwas tiefgreifend anderes«.

Demgemäß wirkt sich diese Dissoziation stark aus auf die Fähigkeit des Englisch-Sprechenden, mögliche Schwierigkeiten vorauszusehen und für die Zukunft vorzubauen. Um seinen Standpunkt zu verdeutlichen, zitiert er statistische Untersuchungen über das Sparverhalten der Menschen in verschiedenen OECD-Ländern. Das Vereinigte Königreich und die USA stehen weit hinten, zusammen mit Griechenland. Ob es so eine direkte Korrelation zwischen Sprache und wirtschaftlichem Verhalten gibt, muss noch bewiesen werden. Einfachen Erklärungen wie dieser gelingt es nur selten, solche komplexen Probleme zu lösen. Aber sie verführen uns leicht.

In Europa vertieft die Wirtschaftskrise die Kluft zwischen dem katholischen Süden und dem protestantischen Norden in einer derart auffälligen Weise, dass man meinen könnte, beide Regionen seien grundsätzlich unvereinbar miteinander. Es gibt sicherlich eine Menge Statistiken, die das beweisen könnten, aber einige sehr wichtige Details rutschen durch die Vielzahl von bunten Torten und Infografiken.

In einem viel beachteten Artikel in *The Guardian* warnte der Finanz-Schamane der überschuldeten Eurozone, Wolfgang Schäuble, unter dem Titel »We Germans don't want a German Europe« im Juli 2013 davor, solche Vorurteile zu pflegen, indem er an eine ziemlich unbequeme Wahrheit erinnerte:

»Sind die Deutschen freudlose, von protestantischer Arbeitsethik beseelte Kapitalisten? Tatsächlich sind einige wirtschaftlich erfolgreiche Regionen Deutschlands traditionell katholisch. Die Italiener lieben alle ihr ›dolce far niente‹? Die industriellen Regionen in Norditalien wären nicht die einzigen, die sich gegen eine solche Unterstellung sträuben würden. Die skandinavischen Wohlfahrtsstaaten, denen soziale Solidarität und Umverteilung so wichtig sind, passen sicherlich ebenfalls nicht zu diesem Zerrbild.«

Und da stehen wir nun, schütteln den Kopf und fragen uns, wie wir einander besser verstehen könnten. Vielleicht verhält es sich hiermit wie mit allem im Leben: Der Weg ist das Ziel.

AUSFLUG IN DEN PARK, VALÈNCIA, SPANIEN

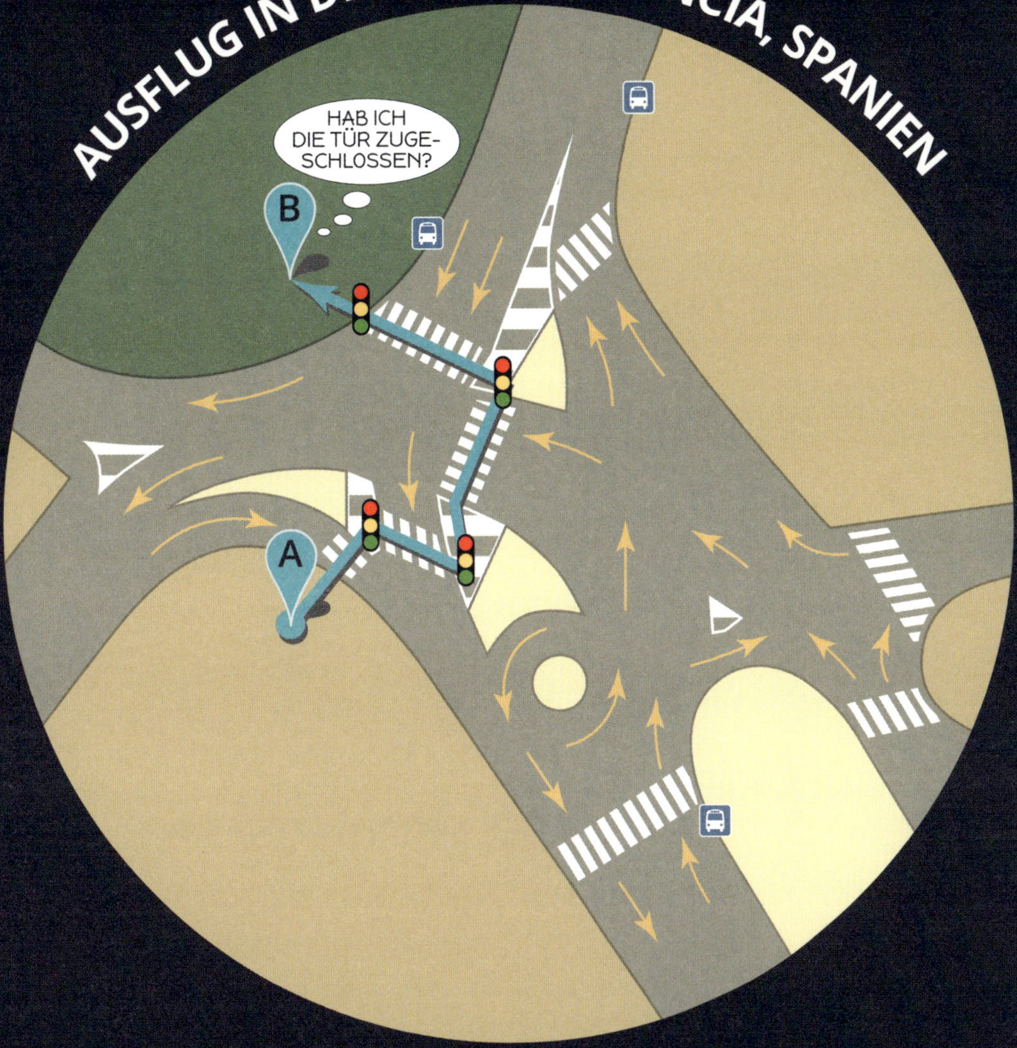

UNSERE ESSSTÖRUNG

Das Wort »gewöhnungsbedürftig« gibt es in vielen europäischen Sprachen. Es bezeichnet Lebensmittel und Speisen, deren Vorzüge wir aus einer Vielzahl von Gründen nicht gleich schätzen können. Sie zu genießen, müssen wir uns oft bewusst vornehmen. Wir müssen unsere Sinne auf einen bestimmten Geruch oder Geschmack einstellen.

Man kann davon ausgehen, dass zumindest aus biologischer Sicht alle Geschmäcker ein Ergebnis der Gewöhnung sind, mit Ausnahme desjenigen der Muttermilch, zu der sich Babys von der Geburt an instinktiv hingezogen fühlen. Ironischerweise ist das der einzige Geschmack, der mit Nachdruck aufgegeben werden muss. Das ist ein wichtiger (und früher) Schritt im Prozess des Erwachsenwerdens.

Milch ist in der Natur vor allem als Nahrung für Babys gedacht, was auch bedeutet, dass sie als Nährstoffquelle für erwachsene Säugetiere nicht besonders geeignet ist. Die überwiegende Mehrheit der Tiere, die Milch produzieren, verliereren die Fähigkeit, sie zu verdauen, wenn sie ausgewachsen sind.

Wie bei so vielem anderen haben die Menschen dieses »evolutionäre Verbot« durch Mutation und Anpassung ihres Verdauungssystems umgangen. Aber merkwürdigerweise meiden wir unsere eigene Milch und ziehen diejenige von einigen Haustieren vor, an die wir uns durch Zufall einfach gewöhnt haben.

Eine lächerliche Folge dieses Prozesses ist es, dass wir, was jeder menschlichen Logik Hohn spricht, lieber an den Titten einer Kuh als an denen unserer eigenen Weibchen saugen würden. Um die Dinge borderlinemäßig grotesk zu machen, kann das Stillen in einigen puritanischen Kulturen wie der amerikanischen sogar ein Tabu sein und als skandalös empfunden werden, wenn es in der Öffentlichkeit praktiziert wird. Fragen Sie mal Barbara Walters!

So verwirrend und unverständlich es auch sein mag, so ist das doch nur die Spitze eines riesigen kulinarischen Eisbergs. Was wir essen und genießen, hat mehr mit unserer unmittelbaren Umgebung, ihren kulturellen Hintergründen und geistigen Zielen zu tun als mit einfacher Biologie.

Nationalistische und rassistische Vorurteile gehen Hand in Hand mit kulinarischen und vermischen sich oft. Sich über ausländische Speisen lustig zu machen ist auf der ganzen Welt ein beliebter Zeitvertreib für Kleingeister. Das kommt gleich nach dem Sex und dem Tratschen.

Aber auch wer sich als offen für Neues bezeichnet, kann gelegentlich irren, wenn er eine kulinarische Herausforderung bewerten soll. Nahrung wirkt, wie

EUROPÄISCHE HORRORKÜCHEN-LANDKARTE 2013

die Sprache, direkt auf unsere Identität ein. Geruch und Geschmack hinterlassen in unseren Köpfen ihre Spuren. Sie haben oft einen emotionalen Kontext und gehören untrennbar zu unseren Erinnerungen.

Die Zubereitung von Nahrungsmitteln ist oft ein langwieriges und komplexes Ritual, von den Eltern an die Kinder weitergegeben in der tröstlichen Hoffnung, dadurch die Geister derer zu erhalten, die vor uns gelebt haben. Es gibt unzählige Legenden von sorgfältig gehüteten Geheimrezepten, die nur unter sehr nahen Verwandten ausgetauscht wurden, vorzugsweise auf dem Sterbebett, nachdem ein Priester bereits die letzte Ölung gespendet hat.

Essen ist auch Teil unserer religiösen Erfahrung. Man könnte argumentieren, dass es ein zentraler Faktor unserer Mythologie ist. Die primitivsten Gesellschaften begannen ihre Kulte mit der Beobachtung und Nachahmung der Natur, oder genauer gesagt, demjenigen Aspekt der Natur, der eine unmittelbare Verbindung zu unserer Nahrung hatte.

Die Jäger-und-Sammler-Gesellschaften entwickelten Tierkulte und komplexe menschliche Beziehungen zu Geistern, die in Höhlen und Wäldern wohnen. Die durch Ackerbau und Viehzucht gekennzeichneten Kulturen des Nahen Ostens und die Indus-Kultur begannen mit der Anbetung der Pflanzenwelt, ein Spiel, das wir heute noch spielen, indem wir unsere Toten in der Erde vergraben, auf dass sie als sie selbst oder etwas anderes wiedergeboren werden.

Alle großen Religionen der Welt haben strenge Regeln dafür entwickelt, was wann gegessen werden darf. Diese Regeln basieren nicht immer auf der Vernunft, sondern sind Teil unseres sozioökonomischen Gefüges. Gelegentlich können sie erstaunlich absurd sein, zum Beispiel klassifiziert die katholische Kirche Biber als Fisch. Diese ungute Entscheidung wurde vor vier Jahrhunderten gefällt, nachdem klar geworden war, dass die getauften Indianer um Quebec herum es nicht aufgeben würden, in der Fastenzeit Biberfleisch zu essen, auch nicht wegen ihrer neu entdeckten Liebe zu Jesus und seinem göttlichen Menu du jour. Deswegen hatte die Kirche sich entweder anzupassen oder musste Gefahr laufen, einer neuen Welle des Protestantismus, dieses Mal aus der Neuen Welt kommend, entgegenzugehen.

Essen kann auch eine unglaublich banale Sache sein. Wir stecken etwas in den Mund, wir verdauen es und scheißen es in die Toiletten. Alles, was wir daran besonders finden, existiert allein in unseren Köpfen. Unsere Gehirne sind die hungrigsten Teile unseres Körpers. Sie werden alles tun, um uns zu betrügen, damit wir sie mit Nährstoffen versorgen. Sie werden Signale aus den richtigen Neuronen feuern und uns mit Chemikalien vollpumpen, die uns sabbern lassen. Sie werden uns emotional erpressen mit eigenartigen Begriffen wie Nervennahrung oder Delikatessen.

Die Erinnerung an diesen trivialen Aspekt ist essentiell für die Aufrechterhaltung einer gesunden Beziehung zu unserer Nahrung. Genau wie die Mythologie dient uns die Nahrung am besten, wenn wir uns des Unterschieds zwischen illusionärer Begeisterung und verschleierter Wahnvorstellung bewusst sind. Erstere bereichert unsere Erfahrung, letztere hingegen ist das Zeichen einer gestörten Balance.

Europäer sind in der Regel stolz auf ihre nationale Küche. Es ist eine Krankheit, unter der wir alle leiden. Auf ihrem Höhepunkt neigen wir zu der Annahme, dass alles, was es an ekelhaftem Essen in der Welt gibt, der Küche unseres Nachbarn entstammt.

Das ist natürlich ein grobes Missverständnis. Wer richtig sucht, findet immer einen guten Grund zu erbrechen, unabhängig von dem Land, in dem er sich gerade aufhält. Der Kontinent ist übersät mit spektakulär verdächtigen Mahlzeiten: eine überraschende Vielfalt von vergorenem Fisch in Skandinavien, frittierte Pizza im traditionell ungesund lebenden Schottland, eine schöne Auswahl an Tierblut-Köstlichkeiten aus aller Herren Länder, verlockende und aromatische Eintöpfe und Suppen aus Innereien vom Balkan, sadistisch zerquetschte, unter Druck gekochte ganze Vögel im raffinierten Frankreich.

Der Spitzenplatz ist für die italienische Insel Sardinien reserviert. Hier wird eine spezielle Art von Schafskäse von matschigen, halb durchsichtigen Insektenlarven befallen. Ein Vorgang, der Ihre Sinne in einer Weise kitzeln wird, die Sie nie vergessen dürften.

Natürlich ist auch das Gegenteil der Fall. Man kann herrliche Leckereien in jeder Küche der Alten Welt finden. Selbst Großbritannien, bespöttelt von allen Seiten, hat sein unwiderstehliches englisches Frühstück, das sogar Franzosen loben können, natürlich unter der Bedingung strikter Anonymität. Leider scheint leckeres Essen sich nicht für Satiren zu eignen. Haben Sie jemals versucht, sich über die Schwarzwälder Kirschtorte lustig zu machen?

Dann mal los. Ich erwarte Ihren Bericht!

GENERATION ICH

Beyoncé hat gestern Abend alle überrascht, indem sie völlig unvermittelt ihr fünftes Album auf iTunes veröffentlichte. Laut ihrem PR-Team ist es eine spontane Entscheidung gewesen, die sie von dem lästigen Marketingzyklus der Plattenfirmen befreite. Der würde nämlich jede künstlerische Authentizität abtöten. Sie ist jetzt nach eigener Aussage »direkt mit ihren Fans« verbunden.

Natürlich ist sie immer noch bei einem großen Label unter Vertrag, und die Produktion selbst hat nichts Revolutionäres an sich, aber dieses banale Detail ist irgendwo zwischen den E-Mail-Servern ihrer PR-Agentur und den Postfächern der Musikkritiker verloren gegangen.

Habe ich Kritiker gesagt? Ich habe versucht, eine Rezension des Albums zu finden, und Google hat mir eine Auswahl an »Kritiken« hochkarätiger Medien präsentiert: »CNN«, *Billboard*, *The Guardian* ... Überraschung! Die meisten dieser Bewertungen waren einfach ausgeschmückte Berichte aus den Nachrichten. Ja, sagten sie, es gibt ein neues Album von ihr, jeder Song wird von einem Musikvideo begleitet, es ist wahrscheinlich spektakulär, aber es wird Zeit brauchen, bis wir absolut sicher sein können.

Moment, wie bitte? Will ich sowas lesen? Habe ich gerade eine Google-Suche durchgeführt, um zu finden, was ich schon vor ein paar Stunden auf Twitter gelesen habe? Vielleicht nicht ganz. Rebecca Nicholson von *The Guardian* hatte ein wenig mehr zu bieten. Sie verlas ihre Besprechung tatsächlich vor der Kamera und nannte das Album eine »seltsam brillante Platte«, was ungefähr so undurchsichtig klingt wie ein UN-Nahost-Friedensplan.

Aber ich schweife ab. Musikgeschmack und Marketingstrategien mal beiseite gelassen: Das Interessante daran ist, dass Beyoncé nicht nur ein »immersives« Video-Album-Experiment durchgeführt hat. Sie hat es auch geschafft, Kritiker derart zu begeistern, dass die sich spontan eine Kamera schnappen und ihren Texten noch etwas Video-Vision hinzufügen.

Das letzte Jahrhundert endete mit Andy Warhols Prophezeiung, dass jeder seine 15 Minuten Ruhm bekommen würde. Das 21. Jahrhundert stellt sich als weit großzügiger heraus. Die Zeitbeschränkungen, die Warhol dem Ruhm auferlegte, sind nicht mehr gültig. Sie waren eine Folge der Sendegewohnheiten des Fernsehzeitalters, in dem der Tag noch 24 Stunden hatte, die unter den wenigen konkurrierenden A-Promis aufgeteilt wurden. Heute ist jeder ein Star, ständig. Sogar Kritiker.

Kritiker sind nicht daran interessiert, als Korrektiv aufzutreten, weil die ganze Vorstellung von einer

DIE WELT AUS DER SICHT EINES FACEBOOK-NUTZERS
Wendekreis geteilter Themen
Mein(e) Ex
Ahnungslose
Nördliche Kenntnisgrenze
Freunde von Freunden
BESTE FREUNDE
Freundes-Fischgründe
Auftrumpfingen
Repost City
New Post City
Westliche Kenntnisgrenze
Östliche Kenntnisgrenze
Ich
Oberprotestingen
Partyville
Bad Beschwerdich
Stalkertown
Kinderschänder
Petitionien
Miezenbach
Tratschhausen
Schadenfreudenburg
Straße der Eitelkeit
Einklickstadt
Kotzhafen
Ein Troll
Bester Schulfreund
Querdenkerische Inseln
Großer NSA-Sumpf
Noch ein Troll
Maßstab 3 000 000 : 1
Persönlicher Netzentwurf
0
500 Personen gefällt das
0
500 Kommentare
Datenfluss
Katzenjammerhügel
Verlassene Farmen
Schandberg

etablierten Autorität nicht mehr cool ist. Cool sind die Frisur, die man hat, das Gadget und die gerasterten Promi-Zitate, die man auf Facebook und Twitter teilt und mit einem persönlichen »Wow« versieht. Die sorgfältige Bemühung, die unbedingt zum Leben zu gehören schien, wurde ersetzt durch Absichtserklärungen. Alles ist nur noch ein Tippen oder einen Klick entfernt.

Der Mangel an Autorität erzeugt ein Vakuum, an das man sich noch gewöhnen muss. Die Wahnsinnsgeschwindigkeit, mit der Informationen ausgetauscht werden, verleitet zu der Annahme, dass das, was wir in unserem Newsfeed sehen, der Strom aller wesentlichen Informationen in der Welt ist. Nur wenige von uns sind sich bewusst, dass soziale Netzwerke, Content-Suchdienste und sogar Suchmaschinen wie Google akribisch versuchen, unsere Gewohnheiten zu analysieren und Algorithmen zu erfinden, mittels derer uns eine auf unseren Geschmack zugeschnittene Mischung von Informationen geliefert wird. Nachrichten und Themen, die uns unbekannt sind, werden aussortiert, und die Lücken werden gefüllt mit »nützlichen« automatischen Empfehlungen unserer Kontakte.

Der Internet-Aktivist Eli Pariser nennt dieses Phänomen eine »Filterblase«. Es könnte eine neue Art von Weltanschauung erzeugen, einen quantenmechanischen Albtraum, bei dem jeder von uns eine personalisierte Version des Universums wahrnimmt, und zwar auf der Grundlage der verschiedenen Informationen, die unserem Gehirn zugeführt werden. Das mag wie Science-Fiction klingen, aber erschreckend reale Anzeichen dafür sind nicht schwer zu finden.

»Eine Welt, die sich nur aus Bekanntem zusammensetzt, ist eine Welt, in der es nichts zu lernen gibt«, schreibt Eli Pariser in seinem Buch *The Filter Bubble* (2011). Die zeitgenössische Musikindustrie mit ihrem Fokus auf dem seichten Mainstream ist ein vorzügliches Beispiel, egal ob sie gerade Hypes erzeugt oder nicht.

Allerdings hat das Autoritätsvakuum auch jenseits von Filterblasen schädliche Auswirkungen. Es kann sich auch in einem guten alten Fehlinformations-Tsunami äußern.

Nelson Mandela starb nur wenige Tage, bevor Beyoncés exotischer Marketing-Stunt Schockwellen durch das Internet sandte. Parallel zur Trauerfeier in Südafrika hatte Barack Obama die Kühnheit, ein Selfie mit David Cameron und Helle Thorning Schmidt, also mit den Regierungschefs Großbritanniens und Dänemarks, zu schießen. Horden empörter Twitter-Nutzer beschwerten sich und teilten die falsche Information, dass die schändliche Tat während Mandelas Beerdigung stattgefunden habe – dabei hatte diese noch gar nicht begonnen. Einige britische Boulevardblätter schenkten Michelle Obama besondere Aufmerksamkeit, die über das angeblich respektlose Verhalten ihres Mannes verärgert schien, woraufhin eine Debatte über das Stereotyp der »wütenden schwarzen Frau« einsetzte.

Am 15. 12. schneite es in der ägyptischen Hauptstadt Kairo zum ersten Mal seit 112 Jahren. Als das außergewöhnliche Ereignis sich herumsprach, wurden Bilder einer schneebedeckten Sphinx und schneebedeckter Pyramiden von Gizeh mehr als 10 000-mal auf Twitter geteilt. Sie erwiesen sich später als Fälschungen, aber nur wenige fanden das heraus.

Fehlinformationen verbreiten sich mit so großer Leichtigkeit über die sozialen Netzwerke, weil alles, was wir in unserem Newsfeed sehen, für bare Münze genommen wird. Es erreicht uns in der Regel über Freunde und Verwandte, also Menschen, denen wir blind vertrauen oder denen wir ungern widersprechen. In einem solchen Klima der Aufgeschlossenheit, das das Internet angeblich fördert, kann Begeisterung leicht in Massenwahn umschlagen.

Manche Wahnvorstellungen sind harmlos. Es wird wohl nichts Schlimmes passieren, nur weil jemand ein falsches Bild vom Schnee in Kairo hat. Dieser hatte die Pyramiden, die zwanzig Kilometer südwestlich der Stadt liegen, gar nicht erreicht.

Die Dinge werden unheimlich, wenn man sieht, wie die eigenen Freunde irgendwelchen pseudomedizinischen Mist glauben, statt die Glaubwürdigkeit seiner Quelle zu überprüfen oder einfach einen Arzt zu fragen. Erfundene Krankheiten wie Entzündungen des Immunsystems werden von Menschen diagnostiziert und behandelt, die die Leber nicht vom Magen unterscheiden können. Und gleich danach soll man ein kleines Baby retten, dessen erfolgreiche Krebsbehandlung durch »Gefällt mir«-Klicks und das Teilen von Links finanziert wird.

Der Traum von einer besser informierten, fortschrittlichen Gesellschaft kann zum Albtraum werden, wenn Unwissenheit und Narzissmus die Oberhand gewinnen. Für einige ist dieser schreckliche Zustand bereits Realität. »Slacktivism« ist ein Begriff, der die Sucht bezeichnet, seine Werte mit minimalem Aufwand in die Welt zu trompeten. Möchten Sie eine Demonstration im Iran unterstützen? Ändern Sie Ihr Profilbild!

Die Distanz zwischen Erklärungen und tatsächlichen Lösungen zeigte sich im Zusammenhang mit den vielen Protestbewegungen Anfang des Jahrzehnts, etwa »Occupy Wall Street« in den USA oder den spanischen »Indignados« mit ihren Ablegern überall im krisengeschüttelten Europa. Beide Bewegungen mobilisierten erstaunlich viele Menschen, und sie organisierten zahlreiche Proteste. Wirkliche Alternativen zu der von ihnen kritisierten politischen Landschaft hatten sie nicht zu bieten.

Mittlerweile verwandelt unser Verlangen nach Ruhm jede gerechte Sache in billige Demagogie. Ein beredtes Beispiel ist die jüngste posthume königliche Begnadigung des englischen Wissenschaftlers Alan Turing, der 1954 nur deshalb zur chemischen Kastration verurteilt wurde, weil er homosexuell war. Aber noch immer kein Wort über die 50 000 weiteren Opfer des Gesetzes gegen grob unsittliches Verhalten! Viele von ihnen wurden auf die gleiche barbarische Weise behandelt.

Je weiter sich der Fehlinformations-Tsunami bis in die entlegensten Ecken der Welt ausbreitet, desto besser gedeiht unser narzisstischer Idealismus, der wie Pilze auf frischem Mist wächst. Indem wir alles und jedes verurteilen, was auch nur irgendwie als unvollkommen angesehen werden könnte, haben wir uns in unserer eigenen menschlichen Fehlbarkeit verheddert. Wir haben vergessen, dass Ideale nur Maßstäbe sind, nicht erreichbare Ziele, die sich von heute auf morgen verwirklichen lassen.

Alle Männer sind Schweine, sagte eine Frau. Alle Frauen sind Schlampen, sagte ein Mann. Und so starb die Menschheit aus.

ÜBER DEN AUTOR

Je älter ich werde, desto klarer wird mir, dass Biografien Zeitverschwendung sind. Für biografische Bücher interessieren sich doch lediglich faule Journalisten oder neurotische Fans. Beide langweilen mich zu Tode.

Faule Journalisten bringen alles durcheinander, egal wie gut sortiert die Informationen sind, die man ihnen liefert. Im selben Jahr war ich je nach Publikation 36, 37 oder 38 Jahre alt. Einer bestand darauf, ich wäre 43. Sogar mein Verleger verbreitete eine falsche Altersangabe.

Ich will mich aber nicht beschweren. Das Alter eines Autors ist ein langweiliges Detail, das niemanden interessieren sollte, und diese Fehler sind der beste Beweis dafür.

Dann gibt es die neurotischen Fans, die einem Gedichte darüber schreiben, was für ein wunderbarer Mensch man ist, ohne dass sie einem je begegnet wären. Armselige Gestalten. Sie sind besessen von der Berühmtheit und vom Ruhm anderer. Haben sie sich je für eine Idee interessiert oder immer nur für eine Person?

Wenn mich derart dunkle Gedanken überwältigen, flüchte ich mich in die Astrophysik. Sie lehrt uns, dass die Sonne eines Tages explodieren und die Erde einschließlich der gesamten Library of Congress verbrutzeln wird.

Ich weiß, irgendein Klugscheißer-Milliardär wird den Bau einer Raumkapsel organisieren, sie mit seinen kostbaren Spermien bestücken und kurz vor der Katastrophe in Richtung Alpha Centauri schießen. Vielleicht entsteht dort eine neue, viel weiter fortgeschrittene Zivilisation. Aber auch dann wird eines Tages das ganze Universum zugrunde gehen. Der Raum selbst wird so dünn, dass die subatomaren Teilchen ihre Eingeweide erbrechen und im Großen Nichts verdampfen.

Man stelle sich die Erleichterung vor! All die Unordnung, die wir in Jahrtausenden angerichtet haben – weg! Mein Buch war ein Bestseller? Na toll, schau mal, wie es so lange Neutrinos in alle Richtungen auskotzt, bis es sich vollständig aufgelöst hat.

Also, ich mache es kurz: Ich bin Yanko. Ich lebe heute. Das ist meine Biografie.

HINWEISE UND DANK

Bücher schreiben ist schwer. Bücher veröffentlichen ist genauso schwer – man muss dafür sorgen, dass sie zum richtigen Zeitpunkt die richtige Zielgruppe erreichen. Viele sind daran beteiligt. Martin Brinkmann, mein Agent und Lektor für die deutsche Ausgabe, ist einer von ihnen. Ich habe seine Geduld wahrscheinlich mehrmals während der langen Schaffensphase überstrapaziert. Ich habe drei Fristen verstreichen lassen, und er hat sich kein bisschen beschwert. Das ist ein gutes Karma. Ich bin sicher, er wird zumindest einen Wiedergeburts-Zyklus überspringen.

Als Nächstes wäre das Team von Knesebeck zu nennen, mein deutscher Verlag. Man sagt ja immer, dass es keine perfekten Verlage gibt, aber mich stört an Knesebeck wirklich nichts. Auch die haben sich nie über die verpassten Deadlines beschwert. Das ist seltsam, denn die meisten Deutschen, die ich kenne, sind Pünktlichkeitsfanatiker. Ein Beispiel: Mein deutscher Lehrer in der Schule weigerte sich immer, jemanden in die Klasse zu lassen, wenn er schon da war. Es spielte keine Rolle, wieviel man zu spät war. Der Bruchteil einer Sekunde reichte schon. Falls die Menschen bei Knesebeck auch so sind, verbergen sie es hervorragend. Und ich möchte, dass sie wissen, dass a) ich mich zutiefst schäme, immer wieder zu spät dran zu sein, und b) auf jeden einzelnen von ihnen eine Jungfrau im Himmel wartet!

Ein weiteres Team, das enorm zum Erfolg dieser Buchreihe beigetragen hat, ist das von Galina Dursthoff und Alpina Non-Fiction, mein russischer Verlag. Sie halfen mir, ein Publikum zu erreichen, von dem ich nie zu träumen gewagt hätte!

Kein anständiges Buch wurde jemals ohne eine Muse geschrieben, und kein anständiger Gedanke wurde jemals ohne einen Freund entwickelt, der daran Anteil nahm. Emiliano Barragán-Géant spielte beide Rollen perfekt. Er achtet darauf, dass ich meine Augen offen und meine persönlichen Vorurteile in Schach halte. Viele der Aufsätze in diesem Buch wurden durch unsere endlosen Gespräche und Diskussionen über das Essen und über Religion, Musik, Magie und Liebe entfacht.

ATLAS DER VORURTEILE 2

Deutsche Originalausgabe

Ein Unternehmen der La Martinière Groupe

Gestaltung, Illustrationen, Cover und Satz: Yanko Tsvetkov, València
Produktion und Lektorat: Dr. Martin Brinkmann, München
Übersetzung: Das Ü-Team, München
Herstellung: VerlagsService Dr. Helmut Neuberger &
Karl Schaumann GmbH, Heimstetten
Druck: Livonia Print
Printed in the EU

ISBN 978-3-86873-692-2

www.knesebeck-verlag.de